"十二五"职业教育国家规划教材

经全国职业教育教材审定委员会审定

DAOLU
GONGCHENG
ZHITU
JI CAD

道路工程制图及CAD

（附习题集）

第三版

唐新 刘靖 主编

化学工业出版社

·北京·

内容简介

本书是为适应《国家职业教育改革实施方案》对工程制图教学改革的要求而编写的，符合高等职业教育的要求及特点，采用最新的《道路工程制图标准》(GB 50162)。

本书共两大模块，七个子模块，主要讲述制图的基本知识和基本技能、投影知识（投影的基本知识、立体投影、标高投影）、剖面图和断面图、钢筋混凝土结构图、Auto CAD 2018 的基本知识等内容。全书内容精练、图文并茂，理论结合实际，例题丰富，注重识图训练，每个子模块后提供有综合实训练习以及其绘制视频的二维码资源，全面提高了学习效果、提升了学生的应用能力。并有《道路工程制图及 CAD 习题集》与本教材配套使用。

本书为高职高专道路桥梁工程技术、铁道工程技术、工程造价、建设工程管理等相关专业的教材用书，也可供成人教育交通运输、土建类专业选用，还可供从事交通行业的工程技术人员参考使用。

图书在版编目（CIP）数据

道路工程制图及 CAD：附习题集/唐新，刘靖主编. —3 版. —北京：化学工业出版社，2020.11（2025.2重印）
"十二五"职业教育国家规划教材：经全国职业教育教材审定委员会审定
ISBN 978-7-122-37759-3

Ⅰ.①道… Ⅱ.①唐… ②刘… Ⅲ.①道路工程-工程制图-AutoCAD软件-高等职业教育-教材 Ⅳ.①U412.5

中国版本图书馆 CIP 数据核字（2020）第 175976 号

责任编辑：李仙华　王文峡　　　　　　　　　　装帧设计：史利平
责任校对：刘　颖

出版发行：化学工业出版社（北京市东城区青年湖南街 13 号　邮政编码 100011）
印　　装：大厂回族自治县聚鑫印刷有限责任公司
787mm×1092mm　1/16　印张 15¼　字数 370 千字　2025 年 2 月北京第 3 版第 4 次印刷

购书咨询：010-64518888　　　　　　　　　　售后服务：010-64518899
网　　址：http://www.cip.com.cn
凡购买本书，如有缺损质量问题，本社销售中心负责调换。

定　　价：49.80 元　　　　　　　　　　　　　　　　　　　版权所有　违者必究

高职高专土建类专业教材编审委员会

主 任 委 员 陈安生　毛桂平

副主任委员 汪　绯　蒋红焰　陈东佐　李　达　金　文

委　　　员（按姓氏汉语拼音排序）

蔡红新	常保光	陈安生	陈东佐	窦嘉纲
冯　斌	冯秀军	龚小兰	顾期斌	何慧荣
洪军明	胡建琴	黄利涛	黄敏敏	蒋红焰
金　文	李春燕	李　达	李椋京	李　伟
李小敏	李自林	刘昌云	刘冬梅	刘国华
刘玉清	刘志红	毛桂平	孟胜国	潘炳玉
邵英秀	石云志	史　华	宋小壮	汤玉文
唐　新	汪　绯	汪　葵	汪　洋	王　波
王崇革	王　刚	王庆春	吴继峰	夏占国
肖凯成	谢延友	徐广舒	徐秀香	杨国立
杨建华	余　斌	曾学礼	张苏俊	张宪江
张小平	张宜松	张轶群	赵建军	赵　磊
赵中极	郑惠虹	郑建华	钟汉华	

前言

本书根据《国家职业教育改革实施方案》《教育部关于职业院校专业人才培养方案制订与实施工作的指导意见》等文件精神，在 2015 年入选"十二五"职业教育国家规划教材基础上，遵循技能型人才成长规律，教材内容与职业标准紧密对接，依据最新的技术标准和技术规范更新教材内容和结构，加强实训项目，创新教材形式，配套优秀数字化教学资源建设，针对 1+X 证书制度，本次修订增加了 Auto CAD 绘制工程图样的内容，为学习者考取 Auto CAD 技能等级证书奠定基础。本书是结合编者多年的工程制图及 CAD 教学实践经历和教学经验，由湖南高速铁路职业技术学院牵头，联合湖南双和建设有限公司，校企合作共同修订的《道路工程制图及 CAD》教材。

教材第 3 版通过调研与分析，突出专业技能，推进信息技术与教育教学有机融合，强化实践环节，促进书证融通，为职业教育由规模扩张转向质量提高、由参照普通教育办学模式转向企业社会参与的专业特色鲜明的类型教育做出了有益探索，旨在提升新时代职业教育现代化水平。

本次修订重点如下：

（1）突出体现"职业化"。适应经济社会发展对技能型人才培养的要求，加大实训力度。本教材紧密衔接 1+X 证书需求，重点突出 Auto CAD 在道路工程制图中的应用，以成熟的最新版本为例，保证教材的科学性和前沿性。提炼 Auto CAD 一级证书考证的知识点进行真题解析，有效实现"学历教育"与"岗位资格认证"的"双证融通"向职业资格方向靠拢，顺应职业教育发展趋势，补充的 CAD 认证模拟考试题以及 CAD 快捷命令表体现实用性，实现缩短学生就业的距离。

（2）建设教材"立体化"。将教材中传统的章节知识体系更改为模块化单元式教学。通过开发网络资源、工作过程模拟以及实训视频二维码等多种形式的数字化教学资源，让教材真正立体化，便于学习者不受时空限制，反复观摩，达成学习效果。还可以通过课程网站进行学习自测，自主检验学习效果。

（3）配套教学资源"数字化"。借助"互联网+"平台，开启线上线下相结合的教学模式，开发出与教材内容紧密结合的数字化资源，资源类型以短视频和图片为主，做到各单元均配有基于综合实训练习进行绘制讲解的短视频和图片。读者通过扫描教材中二维码，可获取全部教学资源，实现"以纸质化教材为载体，以信息化技术为支撑，两者相辅相成，为师生提供一流服务"的目的。

按照《高等职业学校专业教学标准》，依据《道路工程制图标准》，通过教、学、练一体化的学习方式，对接职业标准和岗位要求，以提升学生文化素质和职业技能为目标，丰富实践教学内容。在每个子模块的学习中突出技能训练，如制图标准综合、组合体模型测绘、道桥图样的绘制等。提供训练要求，按初级制图员及 Auto CAD 一级证书的考试标准要求操作，这也是教材形式上的革新，在内容之后就衔接上实训练习，既起到了巩固学习效果的作用，又避免了许多内容的重复。

本教材在原教材配套课件的基础上，进一步开发补充性、更新性和延伸性教辅资料，充分利用腾讯课堂、超星学习通、慕课的课程建设中已经完成的数字化资源，完善技能项目训练及视频资料。

本教材由湖南高速铁路职业技术学院唐新、刘靖主编，湖南高速铁路职业技术学院张长科、蒋为参编。其中唐新编写了子模块一、子模块二及子模块三，刘靖编写了子模块四、子模块六，张长科编写了子模块五，蒋为编写了子模块七。唐新对全书进行了统稿。

湖南高速铁路职业技术学院匡华云、湖南高速铁路职业技术学院李文等许多有着丰富教学经验的老师对本教材的编写提出了许多宝贵意见，在此谨表示感谢。

教材在编写过程中，参考了许多专家、学者的相关书刊和资料，在此谨向原作者表示衷心感谢。

本书同时配套有电子课件，可登录 www.cipedu.com.cn 免费获取。

由于时间仓促，编者水平有限，书中难免存在疏漏之处，恳请读者批评指正。

编　者

2020 年 10 月

第一版前言

《道路工程制图及 CAD》是在当前各高职高专院校土建类专业人才培养模式的转变以及教学质量考核方法改革、教学课时普遍减少的大环境下编写的一本面向工科类道路桥梁专业的工程素质教育的基础性教材。为了便于教学，同时编写出版了与本书相配套的《道路工程制图及 CAD 习题集》。

本书共分七章，包括四部分内容：制图基本知识——介绍工具的使用、道路工程制图标准、几何作图；投影作图——介绍投影基础、形体的投影、轴测投影、剖断面图、标高投影；钢筋混凝土结构图——介绍钢筋混凝土构件结构图的基本知识和图示特点；CAD 基础——介绍 AutoCAD 2007 软件的基本操作和编辑、绘图命令的使用，使之与传统手工制图相融合。

在教材编写过程中，编者认真总结长期的课程教学实践经验，并广泛吸取同类教材的优点，力求做到以下几点。

（1）在保证能正确、熟练表达工程图样的前提下，适当降低画法几何中偏深、偏难的题目。

（2）在注重基础知识的系统性、表达的规范性和准确性的同时，充分考虑对学生的能力训练。按三个层次"必讲层、选讲层（在书中用 * 表示）、必作层"来划分教材内容，分层原则：凡属教学目标的重点或基础均在必讲之列；按照"新""深"原则应当补充的内容则在选讲之列；凡属需学生自己动手把握的内容均设计有阶段性大型实作训练。每章的"本章小结"中黑体字部分为教学重点。

（3）实行仪器绘图、计算机绘图两种绘图能力的综合培养，如果条件允许，教师和学生还可以利用开放性试验环境将计算机绘图训练贯穿于教学全过程。

（4）考虑到制图课时的普遍减少，在内容上以制图规范、投影方法、简单专业图样为主要内容，教师可根据教学时数和教学条件按一定的深度、广度进行补充。

（5）全书执行《道路工程制图标准》（GB 50162—92），标准统一，图样规范。例题丰富，图文并茂，力求讲得"实"而"透"。

本教材由唐新主编，李小彤、张长科参编。编写分工：唐新编写了绪论、第一章、第二章、第三章；李小彤编写了第六章、第七章；张长科编写了第四章、第五章，由唐新对全书进行统稿。

本教材在编写的过程中得到了刘源全、黎舜、刘靖、朱平等许多有着丰富教学经验的老师提出的许多宝贵意见，在此一一表示感谢。

由于时间仓促，笔者水平有限，不妥之处难以尽免，恳请读者批评指正。

本书提供有电子教案，可发信到 cipedu@163.com 邮箱免费获取。

编者
2009 年 6 月

第二版前言

本教材自 2009 年出版以来，许多院校在教学中使用了它，并得到了普遍好评。本教材根据高职教育发展的需要和新颁布的《高等职业学校专业教学标准》进行修订，遵循技能型人才成长规律，按照建立职业教育人才成长"立交桥"的要求，教材内容与职业标准紧密对接，依据最新的技术标准和技术规范更新教材内容和结构，加强实训项目，创新教材形式，配套数字化教学资源建设。2015 年本书被评为"十二五"职业教育国家规划教材。

本书具有以下特点：

（1）突出体现"职业化"。适应经济社会发展对技能型人才培养的要求，加大实训力度。

（2）建设教材"立体化"。通过开发网络资源、虚拟仿真实训、工作过程模拟以及视频等多种形式的数字化教学资源，让教材真正立体化。

（3）发挥行业"指导性"。向职业资格方向靠拢，顺应发展趋势，补充的 CAD 认证模拟考试题体现实用性，实现缩短学生就业的距离。

按照《高等职业学校专业教学标准》，依据《道路工程制图标准》（GB 50162—92），通过教、学、练一体化的学习方式，对接职业标准和岗位要求，丰富实践教学内容。在每项制图练习中突出技能训练，如制图标准综合、组合体模型测绘、道桥图样的绘制等，提供训练要求，按初级制图员以及 Auto CAD 一级证书的考试标准要求操作。这也是教材形式上的革新，在内容之后就衔接上实训练习，既起到了完整性作用，又避免了许多内容的重复。

本教材在原教材配套课件的基础上，进一步开发补充性、更新性和延伸性教辅资料，充分利用世界大学城空间的课程建设中已经完成的数字化资源，完善技能项目训练、视频资料，逐步开发网上在线答疑以及讨论互动平台。

本教材由湖南高速铁路职业技术学院唐新主编，黑龙江建筑职业技术学院李小彤及湖南高速铁路职业技术学院张长科参编。其中唐新编写了绪论、第一章～第三章；张长科编写了第四章、第五章；李小彤编写了第六章、第七章。最后唐新对全书进行了统稿。

湖南高速铁路职业技术学院刘靖、朱平等许多有着丰富教学经验的老师对本教材的编写提出了许多宝贵意见，在此谨表示感谢。本书提供有课程的数字化资源，可登录 www.cipedu.com.cn 免费获取。

由于时间仓促，水平有限，疏漏之处难免，恳请读者批评指正。

编者

2015 年 8 月

目　录

绪论 …………………………………… 1
　一、课程教学目的 ………………… 1
　二、课程学习要求 ………………… 1
　三、课程学习方法 ………………… 1

模块一　道路工程制图　　3

子模块一　制图的基本知识和基本技能 ………………………… 3

单元一　制图工具、仪器和用品 …… 3
　一、图板 …………………………… 4
　二、丁字尺 ………………………… 4
　三、三角板 ………………………… 5
　四、曲线板 ………………………… 5
　五、铅笔 …………………………… 6
　六、比例尺 ………………………… 6
　七、模板 …………………………… 7
　八、圆规 …………………………… 7
　九、分规 …………………………… 8
　十、其他 …………………………… 8

单元二　制图基本标准 ……………… 9
　一、图幅与图框 …………………… 9
　二、标题栏 ………………………… 10
　三、图线 …………………………… 10
　四、字体 …………………………… 12
　五、尺寸标注 ……………………… 13
　六、比例 …………………………… 17

单元三　几何作图 …………………… 18
　一、作已知直线段的垂直平分线 … 18
　二、任意等分已知线段 …………… 18
　三、任意等分两平行线的间距 …… 18
　四、等分圆周作正三边形 ………… 19
　五、等分圆周作正六边形 ………… 19
　六、等分圆周作正五边形 ………… 19
　七、椭圆画法 ……………………… 20
　八、坡度的作法 …………………… 20
　九、圆弧连接 ……………………… 21

单元四　制图的一般步骤与方法 …… 23
　一、分析平面图形 ………………… 23
　二、画底稿 ………………………… 24
　三、加深图样 ……………………… 24
　四、标注图形尺寸 ………………… 24

小结 …………………………………… 25
综合实训练习 ………………………… 26

子模块二　投影的基本知识 ……… 27

单元一　投影的基本概念和投影法的分类 …………………………… 27
　一、投影的基本概念 ……………… 27
　二、投影法的分类 ………………… 28
　三、道路工程图中常用的几种图示法 ………………………… 29

单元二　正投影的特性 ……………… 32
　一、全等性 ………………………… 32
　二、积聚性 ………………………… 32
　三、类似性 ………………………… 32

单元三　形体的三面投影图 ………… 32
　一、三投影面体系的建立及其名称 …………………………… 32
　二、三面投影图的形成 …………… 33
　三、三面投影图的作图规律 ……… 34
　四、三面投影图的画法及尺寸标注 …………………………… 35

单元四　形体表面的点、直线、平面的投影 …………………………… 36
　一、点的投影 ……………………… 36
　二、直线的投影 …………………… 38
　三、平面的投影 …………………… 40

小结 …………………………………… 43
　　综合实训练习 ………………………… 43
子模块三　体的投影 …………………… 44
　单元一　平面立体的投影 ………………… 44
　　一、棱柱体 …………………………… 45
　　二、棱锥体 …………………………… 46
　　三、棱台体 …………………………… 47
　　四、平面体投影图的画法 …………… 48
　单元二　曲面立体的投影 ………………… 49
　　一、圆柱体 …………………………… 49
　　二、圆锥体 …………………………… 50
　　三、圆台体 …………………………… 51
　　四、常见基本体的投影特征及尺寸
　　　　标注 ………………………………… 51
　单元三　截切体的投影 …………………… 54
　　一、平面截切体 ……………………… 54
　　二、曲面截切体 ……………………… 55
　　三、截切体的尺寸标注 ……………… 57
　单元四　*相贯体的投影 ………………… 57
　　一、平面体与曲面体相贯 …………… 58
　　二、两曲面体相贯 …………………… 59
　单元五　组合体的投影 …………………… 60
　　一、组合体的组合形式及其表面
　　　　交线的分析 ……………………… 60
　　二、组合体的三面投影图 …………… 60
　　三、组合体三面投影图的尺寸
　　　　标注 ……………………………… 63
　　四、组合体三面投影图的识读 ……… 65
　单元六　轴测投影 ………………………… 69
　　一、轴测投影的基本知识 …………… 69
　　二、正等测图 ………………………… 70
　　三、斜轴测图 ………………………… 76
　　四、轴测图的选择 …………………… 80
　　五、轴测图的尺寸标注 ……………… 81
　　小结 …………………………………… 82
　　综合实训练习 ………………………… 83
子模块四　剖面图和断面图 …………… 84
　单元一　剖面图的形成 …………………… 84
　　一、剖面图的概念 …………………… 85
　　二、剖面图的绘制步骤及注意
　　　　事项 ……………………………… 85
　　三、剖面图的标注 …………………… 86
　单元二　剖面图的分类 …………………… 86
　　一、全剖面图 ………………………… 86
　　二、半剖面图 ………………………… 87
　　三、局部剖面图 ……………………… 88
　　四、阶梯剖面图 ……………………… 89
　　五、*旋转剖面图 …………………… 90
　　六、*展开剖面图 …………………… 90
　单元三　断面图 …………………………… 91
　　一、断面图的概念 …………………… 91
　　二、断面图的标注 …………………… 91
　　三、断面图的分类 …………………… 92
　　四、剖面图、断面图的区别 ………… 93
　单元四　识读剖面图、断面图的注意
　　　　　事项与方法 ……………………… 93
　　小结 …………………………………… 96
　　综合实训练习 ………………………… 96
子模块五　标高投影 …………………… 97
　单元一　点和直线的标高投影 …………… 98
　　一、点的标高投影 …………………… 98
　　二、直线的标高投影 ………………… 98
　单元二　平面的标高投影 ………………… 100
　　一、平面标高投影相关概念 ………… 100
　　二、平面的表示法 …………………… 101
　　三、两平面的相对位置 ……………… 103
　　四、求坡面交线、坡脚线或
　　　　开挖线 …………………………… 103
　单元三　曲面的标高投影 ………………… 105
　　一、圆锥面的标高投影 ……………… 105
　　二、同坡曲面的标高投影 …………… 106
　　三、地形面的标高投影 ……………… 107
　　四、地形断面图 ……………………… 109
　单元四　标高投影在土建工程中的
　　　　　应用 ……………………………… 109
　　一、平面与地形面的交线 …………… 110
　　二、曲面与地形面的交线 …………… 111
　　小结 …………………………………… 113
　　综合实训练习 ………………………… 113
子模块六　钢筋混凝土结构图 ………… 115
　单元一　钢筋混凝土基本知识 …………… 115
　　一、钢筋的种类 ……………………… 115
　　二、钢筋的弯钩 ……………………… 116
　　三、钢筋的弯起 ……………………… 117
　　四、钢筋的保护层 …………………… 118
　单元二　钢筋布置图的特点 ……………… 118
　　一、钢筋的图例 ……………………… 118
　　二、钢筋的编号 ……………………… 119

三、钢筋的标注 …………… 120
四、钢筋的尺寸标注 ………… 120
五、钢筋混凝土结构图样的组成 … 120
六、钢筋混凝土结构图的识读 …… 124
小结 …………………………… 124
综合实训练习 …………………… 125

模块二　Auto CAD 绘图　　126

子模块七　Auto CAD 2018 的基本知识 …… 126

单元一　概述 …………… 126
一、Auto CAD 2018 的工作界面 …………… 126
二、文件操作 …………… 129
三、绘图环境的设置 ……… 132
四、命令执行 …………… 136
五、坐标的输入 ………… 137
六、绘图辅助工具 ……… 137
七、图形的选择 ………… 139
八、图形的删除 ………… 140

单元二　绘制二维图形 …… 140
一、直线、圆、矩形、椭圆、正多边形的绘制 ………… 141
二、文字输入 …………… 144
三、图案填充 …………… 145
四、图块 ………………… 146
五、绘制二维等轴测图 … 147

单元三　图形的编辑 …… 148
一、对象特性 …………… 148
二、复制 ………………… 148
三、偏移 ………………… 150
四、镜像 ………………… 150
五、移动 ………………… 151

六、修剪 ………………… 151
七、缩放 ………………… 152
八、延伸 ………………… 152
九、分解 ………………… 153
十、利用夹点编辑图形 … 153

单元四　尺寸标注 ……… 154
一、特殊符号的输入 …… 154
二、线性标注 …………… 154
三、角度标注 …………… 155
四、半径标注 …………… 155
五、直径标注 …………… 156
六、快速标注 …………… 156
七、尺寸的编辑 ………… 156
八、单边箭头尺寸起止符号的设置 ………… 158

单元五　图形的输出打印 … 158
一、通过模型空间打印图纸 … 158
二、通过布局空间打印图纸 … 160
小结 …………………………… 161
综合实训练习 …………………… 162

附录 1　Auto CAD 2018 版常用快捷命令 ………… 163

附录 2　Autodesk 公司 CAD 认证模拟考试题 ………… 165

参考文献 ………… 173

资源目录

序号	资源名称	资源类型	页码
二维码 1-1	涵洞的投影图—设置绘图环境	视频	26
二维码 1-2	涵洞的投影图—绘制涵洞的正立面投影	视频	26
二维码 1-3	涵洞的投影图—标注涵洞投影图的尺寸	视频	26
二维码 2-1	正四棱柱截切体的三面投影图绘制	视频	43
二维码 3-1	形体斜二测图的绘制	视频	83
二维码 4-1	钢筋混凝土涵洞的剖断面图绘制（1）	视频	96
二维码 4-2	钢筋混凝土涵洞的剖断面图绘制（2）	视频	96
二维码 5-1	相交两堤的标高投影绘制（1）	视频	114
二维码 5-2	相交两堤的标高投影绘制（2）	视频	114
二维码 6-1	矩形梁钢筋表的填制	视频	125
二维码 7-1	学生用标准 A4 图纸绘制	视频	162

绪论

在工程生产建设中，从设计到建造，一个个工程构筑物，其形状、大小、结构、材质都很难用文字表达清楚，而图样则能很好地完成这一使命。设计人员用它来表达设计意图；建造人员依据它来进行生产施工；技术革新、技术交流也离不开工程图样。因此，工程图样是制造领域、工程领域以及其他产业重要的信息载体，换言之，工程图样是工程技术界通用的"技术语言"。高职高专院校是国家培养复合型人才的主战场，高职高专土木建筑类及公路运输类专业的学生，作为将来生产、管理第一线的工程技术施工人员，必须学会并掌握这种"语言"，具备熟练识读和绘制工程图样的基本技能。

一、课程教学目的

本课程的教学目的就是为了教会学生掌握这种工程图样"技术语言"，通过学习图示原理与方法，掌握绘制和识读工程图样的技能。它是一门理论与实践紧密联系的技术基础课程，随着计算机绘图的飞速发展，使工程制图这一门早已发展成理论严密、内容丰富的综合学科又有了质的飞跃，大大提高了现代工程建设的生产效率和工作质量。

本课程包括以下三部分内容：
（1）制图基本知识　介绍制图工具、仪器的使用与保护方法、基本制图标准和几何作图常识。
（2）投影作图知识　介绍制图以及识读工程图样的基本原理和方法技巧。
（3）计算机辅助制图　介绍 Auto CAD 2018 版绘图软件的基本功能、命令和用法。

二、课程学习要求

本课程是一门既有系统理论，又非常注重实践的课程，各部分内容既紧密联系，又各有特点。学习后要求能够做到以下几点：

① 掌握正投影法的基本理论，并能利用投影法在平面上表示空间几何形体，图解空间几何问题；
② 具备正确绘制和阅读工程图样的能力，并熟悉如何在图样上标注尺寸；
③ 掌握用仪器手工制图、计算机绘图的技能；
④ 培养出空间逻辑思维与形象思维的能力；
⑤ 提高了分析问题和解决问题的能力；
⑥ 养成认真负责的工作态度和严谨细致的工作作风。

三、课程学习方法

根据本课程的学习要求以及各部分学习内容的特点，这里简要介绍其如下学习方法：

① 准备一套合乎要求的制图工具，按照正确的制图方法和步骤制图，高质地完成作业。

② 认真听课，及时复习；在多动脑的同时还一定要多动手，经常注意、观察、了解工程构筑物的实际情况，掌握投影方法，提高独立分析和解决看图、画图等问题的能力。

③ 注意画图与看图相结合，物体与图样相结合，要多画多看，逐步培养空间逻辑思维与形象思维的能力。

④ 熟记并严格遵守工程制图的国家标准，经常查阅相关标准和资料，及时了解标准的更新变动。

模块一 道路工程制图

子模块一 制图的基本知识和基本技能

【知识目标】

- 了解常用制图工具仪器的使用和保养方法
- 理解《道路工程制图标准》的重要性
- 掌握用制图工具仪器绘制工程图样的方法
- 掌握《道路工程制图标准》的主要规定
- 掌握平面图形的分析、绘制程序和方法

【能力目标】

- 能操作制图工具仪器绘制平面图形
- 能解释《道路工程制图标准》对于工程制图的重要性
- 能查阅和运用有关标准
- 能分析较复杂平面图形线条并能正确处理、绘制

【导语】

要又快又好地绘制工程图样，首先必须能正确使用制图工具、仪器和用品、熟悉国家标准对图幅、字体、线型、比例以及尺寸标注等的基本规定，掌握各种几何图形和轮廓图形的画法。本子模块主要介绍：常用绘图工具、仪器的使用方法；《道路工程制图标准》（GB 50162）（以下简称国标）中的相关基本规定；正多边形、椭圆、坡度、圆弧连接的作图方法；平面图形的尺寸、线段分析及作图步骤。

单元一 ▶ 制图工具、仪器和用品

对各种制图工具、仪器和用品，必须了解它们的性能，熟练掌握它们的正确使用方法，并经常注意维护保养，才能保证绘图质量，加快绘图速度。

常用的绘图工具有图板、丁字尺、三角板、曲线板、铅笔、比例尺、模板等；绘图仪器有圆规、分规、绘图墨水笔等；绘图用品有图纸、透明胶带、绘图橡皮、砂纸、小刀等。如

图 1-1 所示。

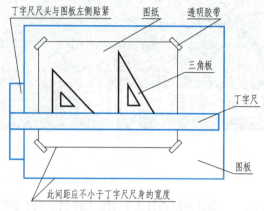

图 1-1 制图的常用工具

一、图板

图板是用来作图时的垫板，也就是制图的工作台面，如图 1-1 所示。图板的大小有 2 号、1 号、0 号等不同规格，学生通常用 2 号。图板要求表面平坦光洁，通常用胶合板制成，为防止翘曲，四周镶以硬木条。图板两短边是工作导边，一定要保持平整，角边应垂直。

图板应防止受潮、烘烤或暴晒，以免变形；固定图纸也应该用透明胶带，不宜使用图钉、胶水；不使用时，应将图板长边在下横立保管，并注意避免磕碰受损。

二、丁字尺

丁字尺是用来画水平线的长尺，丁字尺由相互垂直的尺头和尺身构成，如图 1-2 所示。

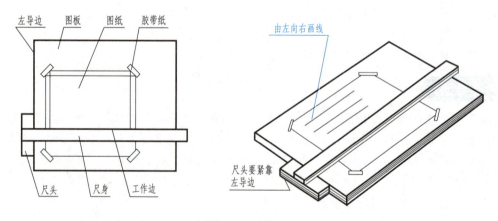

图 1-2 丁字尺

画线时丁字尺尺头应放在图板的左边，紧靠图板，以左手按住尺身，上下推移，右手执笔自左向右画，如图 1-3 所示。

为确保绘图准确，严禁用尺身下边缘画线或用丁字尺画垂直的图线。

为保证丁字尺的尺身平直、刻度精准，必须防止受潮、暴晒或弯曲，以免变形，不用时应挂在墙上。

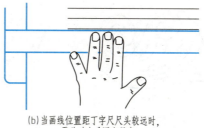

(a) 左手移动丁字尺尺头至需要位置，保持尺头与图板左边贴紧，左手拇指按住尺身，右手画线。

(b) 当画线位置距丁字尺尺头较远时，需移动左手固定尺身。

图 1-3　用丁字尺画水平线

三、三角板

三角板主要与丁字尺配合，用来画铅垂线和角度为 15°的整数倍数的斜线，如 30°、45°、60°、75°角等。一副三角板是由两块三角板组成的，一块是 30°、60°、90°直角三角板，另一块是 45°等腰直角三角板。对三角板的要求是：尺面平整光滑、边缘平直、角度准确。

使用三角板画铅垂线时，应使丁字尺尺头紧靠图板左工作边，先推丁字尺到线的下方，将三角板放在线的右侧，并使三角板的一直角边紧靠在丁字尺的工作边上，然后移动三角板，直至另一直角边靠贴铅垂线，再用左手轻轻按住丁字尺和三角板，右手持铅笔，自下而上画出铅垂线，如图 1-4 所示。

用一副三角板和丁字尺配合，可画出角度为 15°的整数倍数的斜线，如图 1-5 所示。

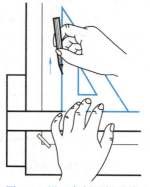

图 1-4　用三角板画铅垂线

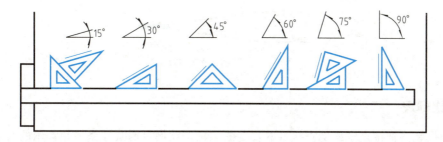

图 1-5　画 15°、30°、45°、60°、75°、90°角斜线

三角板通常是用有机玻璃制成的，需防止暴晒和摔碰以免变形。

四、曲线板

曲线板是用来描绘非圆曲线的。

使用曲线板前要先定出曲线上足够数量的点，然后选择曲线板上面曲率相当的部分与曲线的一部分吻合，沿着曲线板边缘，即可进行描绘。必须注意的是：每次应至少有三四个点重合，但只描中间一段，前一段应与上一次所描的线段重合，后一段留待下次再描，以确保曲线的光滑圆顺，如图 1-6 所示。

图 1-6 曲线板的使用方法

五、铅笔

绘图铅笔用来画底稿和描深图线,它的铅芯软硬度用字母"B"和"H"标明。B 为软铅,B 前数字越大色越浓黑;H 表示硬铅,色浅而淡,H 前面数字越大色越浅淡;HB 表示软硬适中。画底稿时常用 2H~H 铅笔,描粗时常用 HB~2B 铅笔。

削铅笔时注意保留其软硬度符号。画底稿的铅芯可用细砂纸将铅芯磨成圆锥形,描深用的铅芯磨成凿形,露出铅芯约 10mm,凿端的厚薄 1mm 左右以保证所画粗线宽度达标,如图 1-7 所示。绘图也可使用自动铅笔,但应购买符合线宽标准铅芯的自动铅笔。

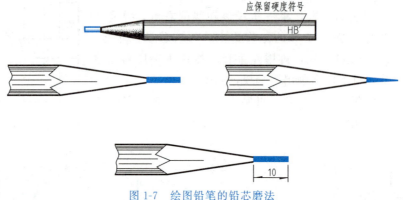

图 1-7 绘图铅笔的铅芯磨法

六、比例尺

比例尺是一种按规定比例直接量取长度的工具。比例尺的式样繁多,常用的为三棱比例尺,如图 1-8 所示。它在三个棱面上刻有六种比例,其比例有百分比例尺和千分比例尺两种。百分比例尺,如:1∶100、1∶200;千分比例尺,如 1∶1000、1∶2000。比例尺刻度所注数字的单位为米(m)。

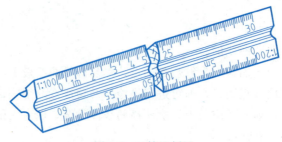

图 1-8 三棱比例尺

比例尺一般用木料或塑料制成，因此不能将比例尺作直尺使用，也不能将棱线扎损碰缺而损坏尺面上的刻度。

七、模板

模板有数字模板、螺母模板、建筑模板等种类。工程类专业用建筑模板，如图 1-9 所示。模板上刻有各种图例或符号的孔，可直接套用，简化作图过程，提高绘图速度。

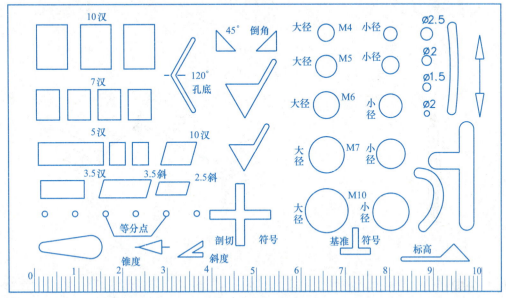

图 1-9 制图模板

八、圆规

圆规主要用来画圆或圆弧，它与分规形状相似。在一腿上附有插腿，其插腿有三种：延伸杆插腿、铅笔插腿和墨水笔插腿，换上不同的插腿，可作不同的用途，如图 1-10 所示。

使用圆规时，先调整针脚，使针尖略长于铅芯，圆规铅芯宜磨成楔形，并使斜面向外，其硬度应比所画同种直线的铅笔软一号（如画直线的铅芯硬度为 B，则圆规铅芯宜选用的硬度为 2B），以保证图线深浅一致。

画圆时，先把圆规两腿分开，使铅心与针尖的距离等于所画圆弧半径，再用左手食指来帮助针尖扎准圆心，从圆的中心线开始，右手按顺时针方向匀速转动圆规，转动时圆规可略微前倾，整个圆或圆弧应一气呵成，如图 1-11 所示；画小圆时可将插腿及针尖稍向里倾，如图 1-12 所示；画大的圆或圆弧时要接上延伸杆，如图 1-13 所示。

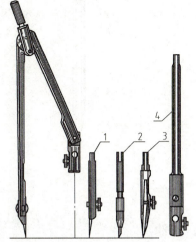

图 1-10 圆规及其附件
1—钢针插腿；2—铅笔插腿；
3—墨水笔插腿；4—延伸杆

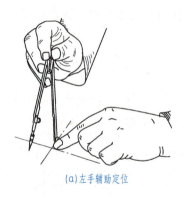

(a) 左手辅助定位　　　(b) 顺时针画线　　　(c) 两脚与纸面垂直

图 1-11　圆规用法

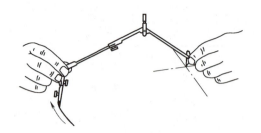

图 1-12　画小圆　　　　　　图 1-13　画大圆

九、分规

分规是截量长度和等分线段的工具，外形跟圆规很相似。分规两腿的针尖靠拢时应能对齐，如图 1-14 所示。当圆规安插钢针腿后也可作分规使用。

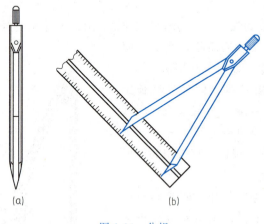

图 1-14　分规

十、其他

绘图时还会用到以下制图用品。
(1) 透明胶带　专门用于固定图纸，应选用较窄细的胶带；
(2) 绘图橡皮　用于擦除铅笔线，应选用绘图专用橡皮；

(3) 砂纸　用于打磨铅芯，选用细砂纸为好；

(4) 小刀　用于削铅笔；

(5) 图纸　具有优良的耐擦性，质地紧密强韧，适用于绘制工程图样。

单元二　制图基本标准

工程图是不可或缺的技术文件资料，是施工的重要依据。为了使工程图样符合技术交流、设计、施工、存档的要求，必须要做到图样格式、表达方法基本统一，因此制定了制图标准。本单元主要介绍《道路工程制图标准》（GB 50162）对图幅、标题栏、图线、字体、尺寸标注、比例等内容的有关基本规定。

一、图幅与图框

为便于装订和保管图纸，图纸尺寸的大小即图幅应按国标规定执行。在选用图幅时，A0~A2一般横式使用，A3可立式或横式使用，A4只能立式使用。图幅及图框尺寸见表1-1，图幅格式见图1-15。

表 1-1　图幅及图框尺寸　　　　　　　　　　　　　　　　　　　mm

尺寸代号＼图幅代号	A0	A1	A2	A3	A4
$b \times l$	841×1189	594×841	420×594	297×420	297×210
a	35	35	35	30	25
c	10	10	10	10	10

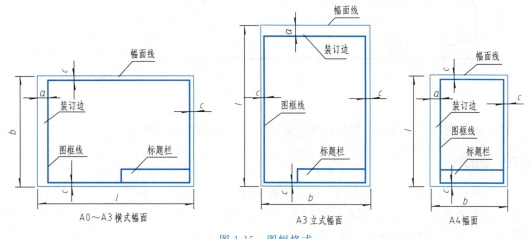

图 1-15　图幅格式

学生也可使用单张简易图纸，装订边 a 画成与保护边 c 宽度尺寸相同，均为10mm，如图1-16所示。

根据需要，图纸幅面的长边可以加长，但短边不得加宽，长边加长的尺寸应符合有关规定。一般A4图幅不得加长。

图框线是图样的边界线，线宽应符合国标的规定，见表1-2。

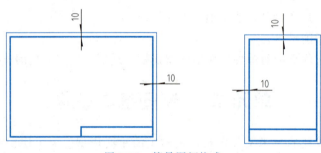

图 1-16　简易图幅格式

表 1-2　图框线、标题栏线的宽度　　　　　　　　　　　　　　　　　mm

图幅代号	图框线	标题栏外框线	标题栏分格线
A0、A1	1.4	0.7	0.35
A2、A3、A4	1.0	0.7	0.35

二、标题栏

图框线内下方或右下角应绘图纸标题栏，简称图标或标题栏，用以填写图名、设计制图人名、单位名称、图纸编号、作图比例等重要信息，国标对其线宽也做了相应的规定，见表1-2。

标题栏的尺寸、格式根据不同的需要有多种规格。学生可采用大型作业用的标题栏，如图 1-17 所示。

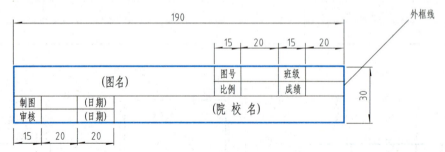

图 1-17　标题栏（单位：mm）

国标还对图纸上的会签栏及角标作了详细规定，请读者自行查阅。

三、图线

工程图样是由不同线型、不同粗细的线条构成的，它们是制图这门"语言"课程的重要"词汇"，图线不同，表达的内容含义不同，用错图线就是"词不达意"。因此，国标对线型及线宽作了详尽的规定，见表1-3。

表 1-3　图线的名称、线型、线宽及其用途

名称	线　型	线宽	一般用途
粗实线	——————	b	可见轮廓线,钢筋线
中实线	——————	$0.5b$	较细的可见轮廓线,钢筋线
细实线	——————	$0.25b$	尺寸线、剖面线、引出线、图例线等
加粗实线	——————	$1.4b \sim 2.0b$	图框线、路线设计线、地平线等

续表

名称	线型	线宽	一般用途
粗虚线		b	地下管线或建筑物
中虚线		$0.5b$	不可见轮廓线
细单点画线		$0.25b$	中心线、对称线、轴线等
细双点画线		$0.25b$	成型前或假想轮廓线
波浪线		$0.25b$	断开界线
折断线		$0.25b$	断开界线

每个图样一般由粗、中、细三种宽度的图线组成。图线的宽度应根据图形的复杂程度及作图比例大小，从表1-4的线宽组合中选取。

表1-4 线宽组合

线宽类别	线宽系列/mm				
b	1.4	1.0	0.7	0.5	0.35
$0.5b$	0.7	0.5	0.35	0.25	0.25
$0.25b$	0.35	0.25	0.18(0.2)	0.13(0.15)	0.13(0.15)

注：表中括号内的数字为代用的线宽。

工程图样尽量不超过三种线宽，可以先确定基本图线（即粗实线）的宽度b，中粗线及细线的宽度也就随之确定，从而成为一个线宽组，如图1-18（a）所示。

绘制比较简单的图或比例较小的图，可以只用两种线宽，其线宽比规定为$b:0.25b$，即不用中粗线，如图1-18（b）所示。

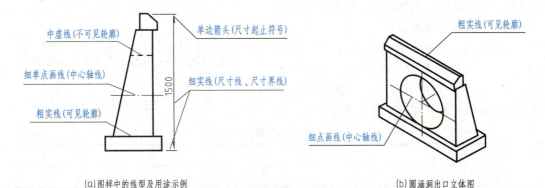

(a) 图样中的线型及用途示例　　　　(b) 圆涵洞出口立体图

图1-18 线型用法示例

此外，相交、相切、延长的图线在绘制时还应注意以下情况，见表1-5。

表1-5 图线相交、相切、延长时的画法

类型	正确画法	错误画法	注意事项
相交			虚线或点画线与其他线相交时，交点处应不留空隙
			图线应在线段处相交，尽量不交于间隙或点画线的短划处

续表

类型	正确画法	错误画法	注意事项
延长	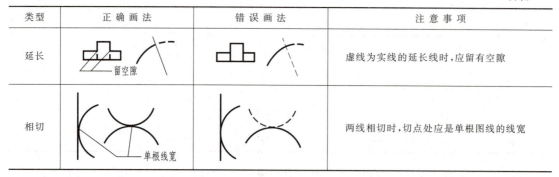		虚线为实线的延长线时,应留有空隙
相切			两线相切时,切点处应是单根图线的线宽

图线间的净距不得小于 0.7mm,必要时可采用示意画法,局部扩大比例。

四、字体

图样中除了用图形表达物体的形状、材质外,还要用数字表达它的大小,用文字或符号表达技术要求、施工说明等,它们也是工程图样中重要的组成部分。若字迹潦草、大小不定,可能造成工程事故,给国家和个人带来损失。因此要求图纸上的文字、数字或符号应该做到:字体端正、笔画清晰、排列整齐、标点符号清楚正确,并且要求采用国标规定的字体和大小来书写。

为了避免字体模糊不清,国标规定字体均应用黑墨水书写。

1. 汉字

图样中的汉字,应写成挺秀端正、粗细均匀的长仿宋体,并采用国家正式公布使用的简化汉字。但大标题、图册封面、地形图等的汉字可以采用其他字体书写。

长仿宋的字高和字宽之比为 3∶2,如图 1-19 所示。汉字的高度,国家标准规定应不小于 3.5mm,字体的高度即为字体大小的号数。其字高系列及字高与字宽关系见表 1-6。

图 1-19　长仿宋字体高宽比

表 1-6　长仿宋字体的高宽关系　　　　　　　　　　　　　　　　mm

字高(即字号)	20	14	10	7	5	3.5
字宽	14	10	7	5	3.5	2.5

汉字同阿拉伯数字、拉丁字母或罗马数字等并列书写时,应比它们大一号或二号。

书写长仿宋体汉字的要领是:横平竖直,起落分明,排列匀称,写满方格。长仿宋体汉字的示例,如图 1-20 所示。在书写时,字号越大,字体笔画相对也较宽,反之亦然。要注意运笔字体的结构布局,笔画之间的间隔均匀相称,偏旁与部首的比例适当。

初写长仿宋体汉字,主要是认真临摹字样,多看、多写、持之以恒,自然熟能生巧。

2. 数字和字母

表示数量值的数字,应用阿拉伯数字书写。不够整数的小数数字,应在小数点前加 0 定位,例如 0.18,0.0036 等;分数不得用数字与汉字混合表示,如:三分之一应写成 1/3,不得写成 3 分之 1;英文字母、拉丁字母、罗马数字等字体可采用直体或斜体。直体笔画的横与竖应成 90°;斜体字字头向右倾斜,与水平方向应成 75°角,如图 1-21 所示。

图 1-20　长仿宋体汉字示例

图 1-21　英文字母、阿拉伯数字、罗马数字示例

数字和字母若与汉字同行书写，其字高应比汉字的字高小一号或二号。

3. 计量单位和特殊符号

图纸中的计量单位必须按照法定计量单位标注书写，通常采用"公制"制式。计量单位必须采用国标规定的符号表示，不得使用汉字，如：重量为 1200t，不得写成重量为 1200 吨或一千二百吨。

道路工程图纸中的单位：标高以 m（米）计；里程以 km（千米）计；钢筋直径及钢结构尺寸以 mm（毫米）计；其他均以 cm（厘米）计。

另外，重量一般以 kg（千克）、t（吨）计；土石方量以 m^3（立方米）计；面积以 m^2（平方米）、km^2（平方千米）计；角度以°（度）、′（分）、″（秒）计；时间以 h（小时）、min（分钟）、d（天）计……当不按以上采用时，应在图中给予说明。

工程图样上常用的一些特殊符号有：φ（直径）、%（百分之）、‰（千分之）、±（正负）等。计量单位与特殊符号在书写时亦遵守数字字母的规定，如图 1-22 所示。

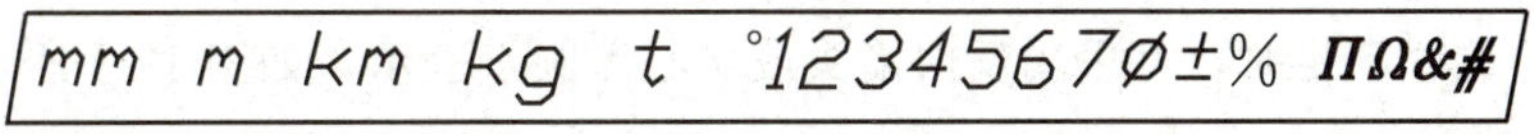

图 1-22　计量单位和特殊符号示例

五、尺寸标注

工程图上图形表达了构筑物的形状和材质，但是，还必须准确、完整和清晰地标注出构筑物的实际尺寸，以确定其大小规模，作为施工的重要依据。

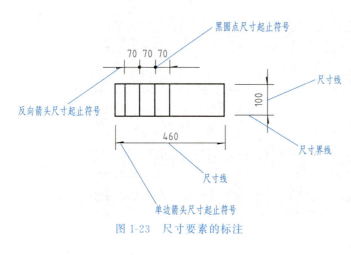

图 1-23 尺寸要素的标注

1. 尺寸的组成

图样上标注的工程尺寸，由尺寸界线、尺寸线、尺寸起止符号和尺寸数字四部分组成，也称之为尺寸的"四要素"。如图 1-23 所示。

（1）尺寸线

① 一般与被注轮廓线平行，标明尺寸的方向。

② 用细实线绘制，两端绘至尺寸界线，不能延长超出。

③ 尺寸线与被注轮廓线及平行尺寸线间的间距在 5～15mm 之间，同一图纸或同一图形上的这种间距大小应当保持一致。

④ 尺寸线一定要单独画出，任何其他图线不能用作尺寸线。

⑤ 圆及圆弧的尺寸线一般应通过圆心。

⑥ 尺寸线尽量避免与其他图线相交，以保证所注尺寸的清晰。

（2）尺寸界线

① 用来指明所注尺寸的范围，一般与被注轮廓线垂直。

② 用细实线从图形的轮廓线引伸画出。

③ 尺寸界线一端离轮廓线距离 2～4mm，另一端伸出尺寸线 2～3mm。

④ 与尺寸线不同，可以用图样中的其他图线作尺寸界线。

（3）尺寸起止符号

① 尺寸线与尺寸界线的相接点为尺寸的起止点，在起止点上应画尺寸起止符号，简称"起止符号"，是工程尺寸的强调符号。

② 道路工程图的尺寸起止符号用实心单边箭头表示，箭头长约 4mm，箭头画法如图 1-24（a）所示。箭头在尺寸线内时，横向尺寸箭头应画成左上右下，竖向尺寸反之，如图 1-24（b）；箭头在尺寸界线外时，横向尺寸箭头应画成左下右上，竖向尺寸反之，如图 1-24（a）所示。

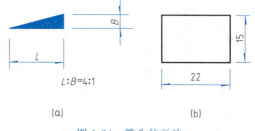

图 1-24 箭头的画法

③ 起止符号应平齐尺寸界线绘制，不能超出尺寸界线或与其留有空隙。

④ 当标注位置不足时，可采用反向箭头或实心黑圆点表示，如图 1-23 所示。

（4）尺寸数字

① 也称之为"尺寸数据"，图上所有尺寸数字是物体的实际大小数值，与作图比例无关。

② 图样上的尺寸数字之后不用注写尺寸单位，一般图均以 mm（毫米）为单位。

③ 道路工程图中，线路的里程桩号以 km（千米）为单位；标高、坡长和曲线要素均以 m（米）为单位；一般砖、石、混凝土等工程结构以 cm（厘米）为单位；钢筋和钢材以 cm

（厘米）为单位；钢筋和钢材断面以 mm（毫米）为单位。道路工程图在注解及技术要求或施工说明中要注明尺寸单位。

④ 尺寸数字必须用阿拉伯数字书写，字号 3.5～5 号，同一图纸上字体、字号统一，如没有足够的注写位置，最外边的尺寸数字可标注在尺寸界线外侧箭头的上方，中间相邻的尺寸数字可错开注写，也可引出注写。

⑤ 任何图线不得穿越干扰尺寸数字，否则其他图线应在尺寸数字处中断绘制。

⑥ 尺寸数字一般标注在尺寸线中间的上方或左侧，字头向上或向左，离尺寸线距离约 1mm。尺寸数字及文字的标注如图 1-25 所示。

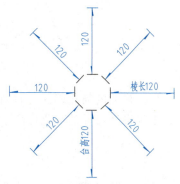

图 1-25　尺寸数字及文字的标注

2. 尺寸标注的一般规则

（1）平行尺寸的排列　相互平行的尺寸线应从被标注的图形轮廓线由近向远按照从小到大排列，分尺寸线应离轮廓线近，总尺寸线应离轮廓线远，即大尺寸线包小尺寸线，小尺寸界线不干扰大尺寸线，如图 1-26 所示。

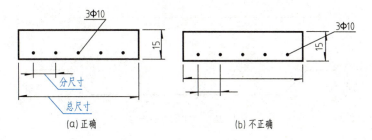

图 1-26　平行尺寸的排列

（2）半径、直径尺寸的标注　半径尺寸只有一个单边箭头，另一端从圆心画起，尺寸数字前面加"R"；直径尺寸线过圆心，尺寸数字前面加"φ"；标注球体的尺寸时，应在直径和半径符号前加 S，如"Sφ""SR"。如图 1-27 所示。

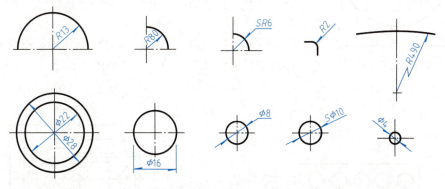

图 1-27　半径、直径尺寸的标注

（3）角度、正方形尺寸的标注　角度的尺寸线为细圆弧线，角的两边作为尺寸界线，单边箭头随弧线略弯，其尺寸数字以°（度）、′（分）、″（秒）为单位；正方形的标注除了可以用

"边长×边长"外,也可在数字前面加注正方形符号"□"。如图1-28所示。

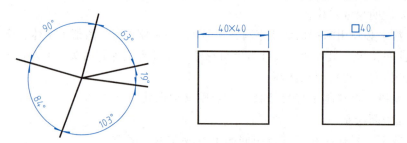

图1-28 角度、正方形尺寸的标注

(4) 尺寸的简化标注 杆件或管线的长度,在单线图(桁架简图、管线图、钢筋成型图)上可进行尺寸的简化标注,直接将尺寸数字沿单线条一侧注写。如图1-29所示。

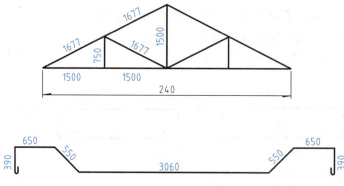

图1-29 尺寸的简化标注

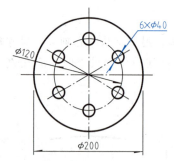

图1-30 相同构造要素的尺寸标注

(5) 相同构造要素的尺寸标注 相同构造要素的尺寸可仅标注其中一个要素的尺寸,并在尺寸数字前面加上"个数×"的内容,如图1-30所示。

(6) 多个等长尺寸的标注 连续排列的等长尺寸,可用"个数×等长尺寸=总尺寸"的形式标注,如图1-31所示。

(7) 半剖及对称图形尺寸的标注 半剖图或者对称图形尺寸应标注总尺寸的一半,如图1-32所示。

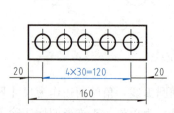

图1-31 多个等长尺寸的标注

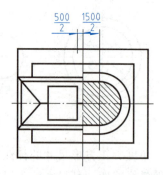

图1-32 半剖及对称图形尺寸的标注

(8) 标高的标注、水位的标注　标高符号宜采用细实线绘制的等腰直角三角形表示,三角形高为 3mm(则弦长为 6mm),如图 1-33(a)所示。直角顶点应指在需要标注的被标注点或线上,直角向上、向下均可。标高数字单位为 m(米),宜标注在三角形的右侧,负标高应冠以"−"号,正标高(包括零标高)数字前可不冠以"+"号,如图 1-33(b)所示。当图形复杂时,也可采用引出线形式标注,如图 1-33(c)所示。水位标注如图 1-34 所示。

图 1-33　标高的标注　　　　　　　　　图 1-34　水位的标注

六、比例

绘图的比例为图样中图形线性尺寸与实物相应线性尺寸之比。比例大小即为比值大小,如 1∶5 大于 1∶100。比例有放大比例也有缩小比例,理论上,能够将实物的原来大小反映在图纸上最好,这样既不放大也不缩小的比例称为比例 1∶1。但是,工程上设计的或已有的实物,有的很大,有的很小,必须使用放大或缩小的办法才能将它们清楚地表达在图纸上。因此,绘图时应根据图幅、图样个数及物体的复杂程度合理选择比例,使图面布置合理、匀称、美观。国标规定,一般优先选用表 1-7 中的常用比例,其次选用表中的可用比例。

表 1-7　绘图所用的比例

常用比例	1∶1	1∶2	1∶5	1∶10	1∶20	1∶50
	1∶100	1∶200	1∶500	1∶1000		
	1∶2000	1∶5000	1∶10000	1∶20000		
	1∶50000	1∶100000	1∶200000			
可用比例	1∶3	1∶15	1∶25	1∶30	1∶40	1∶60
	1∶150	1∶250	1∶300	1∶400	1∶600	
	1∶1500	1∶2500	1∶3000	1∶4000		
	1∶6000	1∶15000	1∶30000			

需要注意的是,无论采用缩小或放大的比例,图形上的尺寸数字仍标注实物的实际尺寸数据,而与比例的大小无关。例如,一个实际直径为 6000mm 的圆形,用 1∶300 的比例绘制在图纸上,图纸上的圆形应量取 20mm 作直径来绘制,但是在图纸上标注该圆的尺寸时,尺寸数字仍注写"ϕ6000"。

比例应采用阿拉伯数字表示,同一张图纸上各个图样比例相同时,注写在标题栏的"比例"栏内,也可以在图纸中适当位置采用比例尺标注。比例不同时,标注在各自图名的下方或右侧,字高比图名字高小一号或二号,如图 1-35 所示。当竖向与横向的比例不同时,可以用 V 表示竖直方向比例,用 H 表示水平方向比例。

图 1-35　比例的注写

单元三 几何作图

道路、桥涵等构筑物，它们的轮廓形状、材质虽然多种多样，但这些图样基本上是由直线、圆弧及非圆曲线构成的几何图形。因此，只有熟练掌握这些几何图形的作图方法和技巧，才能准确、迅速地绘制图样，并提高作图效率和图面质量，本单元介绍几种常用的作图方法。

一、作已知直线段的垂直平分线

作图步骤如下：
① 已知直线段 AB [图1-36（a）]；
② 分别以 A、B 两端点为圆心，以大于 AB 长度一半的距离为半径（R），在线段适当位置上下画弧得到交点 C、D [图1-36（b）]；
③ 过弧线的两交点 C、D 点，画直线 CD 即为 AB 的垂直平分线 [图1-36（c）]。

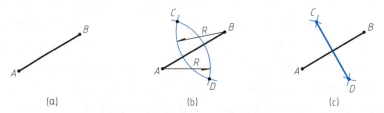

图1-36 作已知直线段的垂直平分线

二、任意等分已知线段

已知直线 AB，求将 AB 作五等分，见图1-37（a），作图步骤如下：
① 过点 A 作任意直线 AC，在 AC 上用圆规或直尺任意截取五等分，并连接 B、5 [图1-37（b）]；
② 过各等分点作 $B5$ 的平行线交于 AB 得 4 个点，即分 AB 为五等分 [图1-37（c）]。

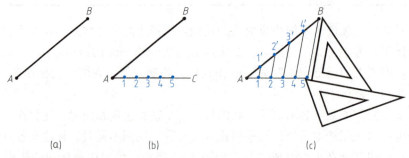

图1-37 任意等分已知线段

三、任意等分两平行线的间距

已知平行线 AB 和 CD，求将其间距作七等分，见图1-38（a），作图步骤如下：
① 将直尺上"0"刻度的点固定在 CD 上，并以"0"为圆心摆动直尺，使刻度的"7"

点落在 AB 上，沿 1、2、3、4、5、6、7 各刻度点作标记［图 1-38（b）］；

② 过各标记点作 AB（或 CD）的平行线即可［图 1-38（c）］。

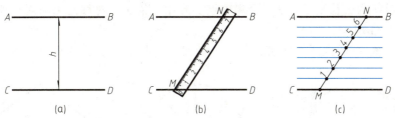

图 1-38　任意等分两平行线间距

四、等分圆周作正三边形

作图步骤如下：

① 已知外接圆，以一个象限点为圆心，以外接圆半径为半径，画弧线［图 1-39（a）］；

② 连接象限点和弧线与圆周的两交点即可［图 1-39（b）］。

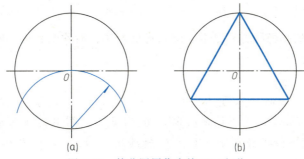

图 1-39　等分圆周作内接正三边形

五、等分圆周作正六边形

作图步骤如下：

① 已知外接圆，以一个象限点为圆心，以外接圆半径为半径，画弧线［图 1-40（a）］；

② 以对称的另一象限点为圆心，以外接圆半径为半径，画弧线［图 1-40（b）］；

③ 连接上述两象限点及弧线与圆周的四个交点即可［图 1-40（c）］。

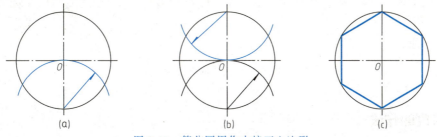

图 1-40　等分圆周作内接正六边形

六、等分圆周作正五边形

作图步骤如下：

① 已知外接圆 O，分别以相邻两个象限点 A、B 为圆心，以外接圆直径为半径，画弧线得到交点 M ［图 1-41（a）］；

② 再以 OM 为弦长半径，从一个象限点 1 开始，依次、对称地用圆规在外接圆上等分弧线 ［图 1-41（b）］；

③ 连接上述一个象限点 1 及弧线与圆周的四个交点 2、3、4、5 即可 ［图 1-41（c）］。

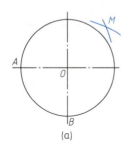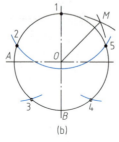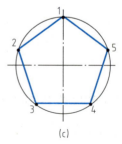

图 1-41　等分圆周作内接正五边形

七、椭圆画法

手工绘图最简便的画椭圆方法是四心圆弧近似画法，简称四心法。即用四段光滑连接的圆弧近似地代替椭圆。

作图步骤如下：

① 已知长轴 AB、短轴 CD，连接 AC；以 O 为圆心，OA 为半径画弧线交 OC 延长线于点 E；再以 C 为圆心，CE 为半径画弧线交 AC 于点 F ［图 1-42（a）］；

② 作 AF 的垂直平分线分别交 AB、CD 轴线于点 O_1、O_4 ［图 1-42（b）］，对称作出 O_2、O_3 两点 ［图 1-42（c）］；

③ 分别以点 O_1、O_2、O_4、O_3 为圆心，以四条连心线为界线，分别过 A、B、C、D 作四段光滑连接的圆弧 $\overparen{T_1T_3}$、$\overparen{T_2T_4}$、$\overparen{T_1T_2}$、$\overparen{T_3T_4}$ ［图 1-42（d）］。

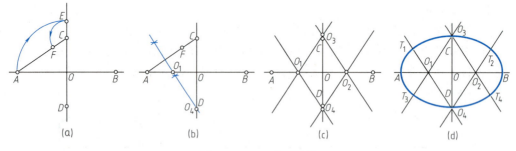

图 1-42　四心法画椭圆

八、坡度的作法

坡度是指一直线或一平面相对于水平面的倾斜程度。其大小就是指它们水平夹角 α 的正切值，即 AC 斜线的坡度 $i = \tan\alpha = BC/AB$ ［图 1-43（a）］，该值越大，则直线或平面的倾斜程度越大。因此，如果要作坡度为 1：10 的直线 AC，只需在水平线上取 AB 为 10 个单位，在点 B 垂直线上取 BC 为一个单位，连接 AC 即为坡度 1：10 的直线 ［图 1-43（b）］。

坡度的注法如图 1-43（b）所示，带单边箭头的细实线长 12～15mm，与斜线平行绘制，其间距 3～5mm，单边箭头指向下坡向，坡度数据居细实线中上方书写。

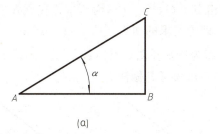
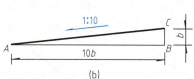

图 1-43　坡度定义及坡度注法

九、圆弧连接

道路工程图中经常需要用圆弧与直线或圆弧线光滑相切地连接，如道路的平面曲线、竖向曲线、涵洞的洞口、隧道的洞门口等。如图 1-44 所示道路的平面斜交路口，就是用圆弧与直线连接而成的。两条图线光滑连接的原理，就是保证两线相切。圆弧连接的关键是根据已知条件，准确地求作出连接圆弧的圆心和切点即连接点。

1. 圆弧连接两正交直线

作图步骤：

① 已知直线 I、II 垂直相交于点 A，连接圆弧的半径为 R [图 1-45（a）]；

② 以 A 为圆心，R 为半径画弧线交直线 I、II 于 T_1、T_2 点 [图 1-45（b）]；

③ 分别以 T_1、T_2 点为圆心，以 R 为半径画弧线交于 O 点 [图 1-45（c）]；

④ 以 O 为圆心，R 为半径，作圆弧 $\overset{\frown}{T_1T_2}$ 即为所求 [图 1-45（d）]。

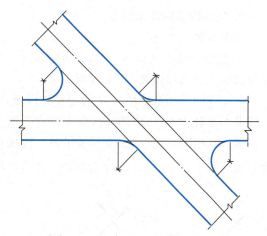

图 1-44　道路平面斜交叉口

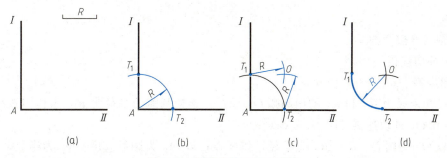

图 1-45　圆弧连接两正交直线

2. 圆弧连接两斜交直线

作图步骤：

① 已知直线 I、II 和连接圆弧的半径 R [图 1-46（a）]；

② 在直线 Ⅰ、Ⅱ 上各取任意点 a、b，过 a、b 分别作 aa' 垂直直线 Ⅰ、bb' 垂直直线 Ⅱ，取 $aa'=bb'=R$ ［图 1-46（b）］；

③ 过 a'、b' 分别作直线 Ⅰ、Ⅱ 的平行线相交于 O，点 O 即为所求连接圆弧的圆心，过 O 分别作直线 Ⅰ、Ⅱ 的垂线，得垂足 A、B，即为所求的切点 ［图 1-46（c）］；

④ 以 O 为圆心，R 为半径，作圆弧 $\overset{\frown}{AB}$ 即为所求 ［图 1-46（d）］。

该作法同样适用于钝角相交直线，请读者自己思考其做法。

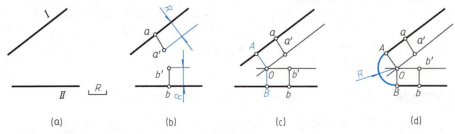

图 1-46　圆弧连接两斜交直线

3. 圆弧连接直线和圆弧

作图步骤：

① 已知直线 Ⅰ 及以 R_1 为半径的圆弧 O_1 和连接圆弧的半径 R ［图 1-47（a）］，求作圆弧与直线 Ⅰ 和已知圆弧 O_1 相连接；

② 以 O_1 为圆心，R_1+R 为半径作圆弧，并作直线 Ⅰ 的平行线 Ⅱ，使其间距为 R，平行线 Ⅱ 与半径为 R_1+R 的圆弧交于 O 点 ［图 1-47（b）］；

③ 过 O 作直线 Ⅰ 的垂线得垂足 A，连接 OO_1 与已知半径 R_1 的圆弧交于 B，A、B 即为切点 ［图 1-47（c）］；以 O 为圆心，R 为半径，作圆弧 $\overset{\frown}{AB}$ 即为所求 ［图 1-47（d）］。

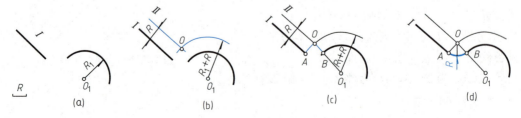

图 1-47　圆弧连接直线和圆弧

4. 圆弧连接两圆弧

（1）外切连接

作图步骤：

① 已知半径为 R_1 和 R_2 的两圆弧 O_1、O_2，连接圆弧的半径为 R，求作圆弧与已知两圆弧 O_1 和 O_2 外切连接 ［图 1-48（a）］；

② 以 O_1 为圆心，$R+R_1$ 为半径，作圆弧；以 O_2 为圆心，$R+R_2$ 为半径，作圆弧，两圆弧相交于 O ［图 1-48（b）］；

③ 连接 O_1O 和 O_2O，分别交两已知圆弧于 A、B 点 ［图 1-48（c）］；

④ 以 O 为圆心，R 为半径，作圆弧 $\overset{\frown}{AB}$ 即为所求 ［图 1-48（d）］。

（2）内切连接

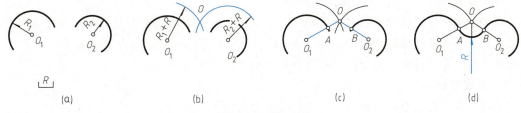

图 1-48 外切连接

作图步骤：

① 已知半径为 R_1 和 R_2 的两圆弧 O_1、O_2，连接圆弧的半径为 R，求作圆弧与已知两圆弧 O_1 和 O_2 内切连接 [图 1-49（a）]；

② 以 O_1 为圆心，$R-R_1$ 为半径，作圆弧；以 O_2 为圆心，$R-R_2$ 为半径，作圆弧，两圆弧相交于 O [图 1-49（b）]；

③ 连接 O_1O 和 O_2O，并延长交两已知圆弧于 A、B 点 [图 1-49（c）]；

④ 以 O 为圆心，R 为半径，作圆弧 $\overparen{AB}$ 即为所求 [图 1-49（d）]。

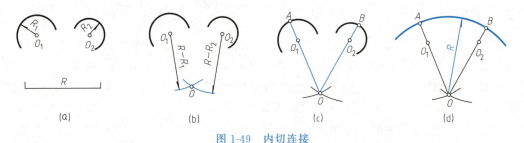

图 1-49 内切连接

单元四 » 制图的一般步骤与方法

平面图形的绘制，一方面要求图形正确、美观；另一方面又要求作图迅速、熟练。因此，要养成先分析后作图的好习惯，按照正确的作图步骤和方法，高效率高质量地绘制图样。

一、分析平面图形

对平面图形的分析，主要包括尺寸分析和线段分析两个方面。

1. 尺寸分析

（1）定形尺寸　用于确定平面图形各组成部分形状和大小的尺寸。例如圆的直径、圆弧半径、线段的长度、角度等。如图 1-50 中的 16、$R15$、$R10$、$R12$、$R50$ 等。

（2）定位尺寸　用于确定平面图形各组成部分之间相对位置的尺寸。如图 1-50 中的 8、75、30。其中，8 既是定

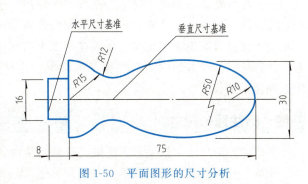

图 1-50 平面图形的尺寸分析

形尺寸（矩形长度尺寸），又是矩形的定位尺寸。

作为标注尺寸起始位置的点、线称为尺寸基准。一般平面图形要有水平和垂直两个方向的尺寸基准，通常选取图形的对称中心线、较长的直线或端线等作为尺寸基准。如图 1-50 中水平方向以左竖线为尺寸基准，垂直方向以细点画线为尺寸基准。

2. 线段分析

平面图形中的线段，根据所给定的尺寸可分为以下三种。

（1）已知线段　具备完全的定形和定位尺寸，不需依赖其他线段而能直接画出，如图 1-50 中的 $R15$、$R10$、16 及长度间距为 8 的两竖直线。

（2）中间线段　具有定形尺寸而仅有一个定位尺寸，尚需部分依赖其他线段才能画出，如图 1-50 中的 $R50$。

（3）连接线段　只有定形尺寸而无定位尺寸，全部依赖于其他线段才能画出，如图 1-50 中的 $R12$。

从以上线段分析中可知，在平面图形的作图过程中，应遵循先画已知线段，再画中间线段，最后才画连接线段的顺序。

二、画底稿

工程图样的绘制必须先画底稿，再进行加深或描图。图面布置之后，根据所选比例用 H 或 2H 铅笔轻轻画出底稿。底稿必须认真画出，以保证图样的正确性和精确度。如发现错误，不要立即就擦。可用铅笔轻轻作上记号，待全图完成之后，再一次擦净，以保证图面整洁。

画底稿时，尺寸的量取，是用分规从比例尺上量取长度。相同长度尺寸应一次量取，以保证尺寸的准确，提高画图速度。

画完底稿之后，必须认真逐图检查，看是否有遗漏和错误的地方，切不可匆忙加深。

三、加深图样

在检查底稿确定无误之后，才可加深图样。

（1）准备工作　加深之前，应先确定标准实线的宽度 b，再根据线型标准确定其他线型。同类图线应粗细深浅一致。一般粗度在 b 以上的图线用 B 或 2B 铅笔加深；$b/2$ 或更细的图线和尺寸数字、注解等可用 H 或 HB 铅笔绘写。

（2）加深图线的要点　为使图线粗细均匀，色调一致，铅笔应该经常修磨，加深粗实线一次不够时，则应重复再画，切不可来回描粗。

（3）加深图线的步骤　同类的图线一次加深；先画细线，后画粗线；先画曲线，后画直线；先画图，后标注尺寸和注解。最后加深图框和标题栏。这样不仅可以加快绘图速度，提高精度，而且可减少丁字尺与三角板在图纸上的摩擦，保持图面清洁。

（4）检查　全部加深之后，再仔细检查，若有错误及时改正。这种用绘图仪器画出的图，叫做手工仪器图。

四、标注图形尺寸

平面图形的尺寸标注要求：正确、完整、清晰，原则上做到"不漏不重"。

正确——尺寸标注符合《道路工程制图标准》规定；

完整——尺寸必须齐全，不能遗漏，但重复尺寸尽量只标注一次；

清晰——尺寸要标注在图形明显处，且布置整齐，便于读图。

多个平行尺寸的排列可以按照基线型、连续型、并列型（适用对称的形状）来布置，如图 1-51 所示。

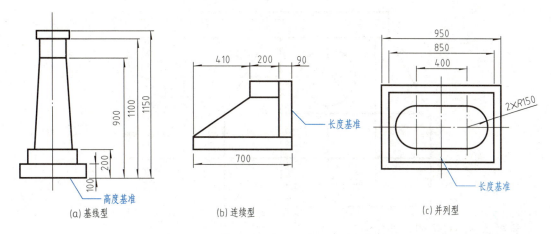

图 1-51 基线型、连续型、并列型尺寸的标注

小 结

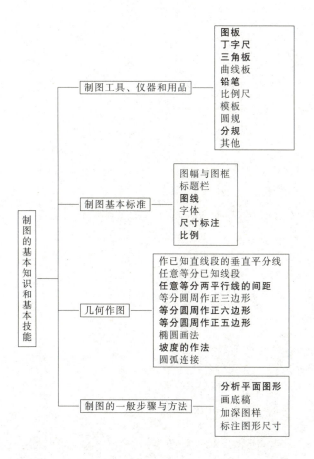

综合实训练习

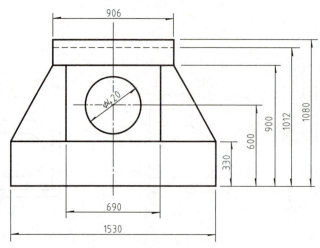

绘制涵洞的投影图，并标注其尺寸。

二维码 1-1

二维码 1-2

二维码 1-3

子模块二　投影的基本知识

【知识目标】

- 了解投影的基本概念和分类
- 了解形体表面点、线、面的投影
- 理解《道路工程制图标准》对道路桥梁工程图样投影作图的基本规定
- 理解正投影的特性及优缺点
- 掌握形体三面正投影图的形成
- 掌握三面投影图的规律和作图方法

【能力目标】

- 能应用《道路工程制图标准》对道路桥梁工程图样投影作图的基本规定
- 能解释正投影的特性及优缺点
- 能用制图工具仪器绘制工程常见简单形体的三面正投影图
- 能使形体的三面正投影图的尺寸标注符合《道路工程制图标准》

【导语】

为了使工程构筑物表达得清晰、简洁、明了，工程图样通常应用正投影原理绘制，它是工程制图的基本方法和规律。《道路工程制图标准》（GB 50162）中规定，结构物的视图宜采用正投影法绘制。所以，必须了解正投影法的投影特性，掌握绘制形体三面正投影图的方法和原理，熟悉国标的相关规定。本子模块主要介绍：投影的概念和分类；正投影的特性；三面正投影图的形成及其绘制；形体表面上的点、直线、平面的投影。

单元一　▶ 投影的基本概念和投影法的分类

一、投影的基本概念

物体在光线的照射下，会在地面或墙面上产生影子，如图 2-1 所示，桥梁在阳光照射下在水面成影。

图 2-2（a）是桥台模型在灯光的照射下，在纸面上产生的影子。这种常见的自然现象，人们把它称为投影现象。人们在长期的生产实践中发现，影子在一定条件下能反映物体的形状和大小，并且当光线照射的角度、距离等条件改变时，影子的位置、形状也随之改变。也就是说，光线、物体和影子三者之间，存在着紧密的关联，这就使人们想到利用投影图来表达物体。但是，影子往往是灰暗一片的，而工程上需要能准确明晰地表达物体各部分的真实形状和大小，所以，人们利用投影现象作图时，首先假定了物体表面除轮廓线、棱线外，其他均为透明无影的，如图 2-2（b）所示。

图 2-1　桥梁在阳光下成影

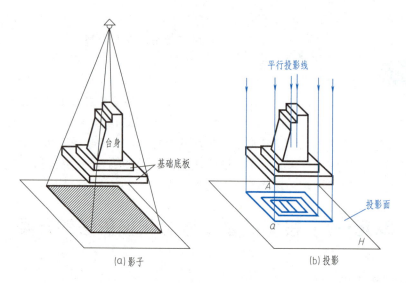

图 2-2　影子和投影

二、投影法的分类

在平面（纸张）上绘出形体的投影，以表示其形状和大小的方法称之为投影法。
投影法一般分为中心投影法和平行投影法两大类。

1. 中心投影法

投影线自投影中心一点引出，对形体进行投影的方法称为中心投影法。如图 2-3 所示。

用中心投影法得到的投影图，存在变形严重、度量性差、作图复杂等缺点，一般的工程主要施工图样很少采用，且由于这种投影图的图样接近视觉映像，直观性很强，多用于绘制

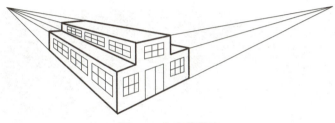

图 2-3　中心投影法

工程构筑物的透视图。

随着计算机绘图手段的快速发展，透视图在道路、桥隧设计中也应用很广，如图 2-4、图 2-5 所示。

图 2-4　隧道内透视图

2. 平行投影法

如图 2-6 所示，投影线互相平行地对形体进行投影的方法称为平行投影法。

若投影线与投影面倾斜，称为斜投影法，如图 2-6（a）所示；

若投影线与投影面垂直，称为正投影法，如图 2-6（b）所示。

大多数的工程图，都是采用正投影法来绘制的。正投影法是本课程学习掌握的主要对象，图样凡未特别说明，都属于正投影图。

三、道路工程图中常用的几种图示法

道路工程图中，由于表达目的和构筑物的不同，需要采用不同的图示方法。

常用的图示方法有正投影图、轴测投影图和标高投影图。

这里仅作一下简介，详细的作图原理和方法以及《道路工程制图标准》规定，将在后面相关单元中逐一介绍。

图 2-5 公路透视图

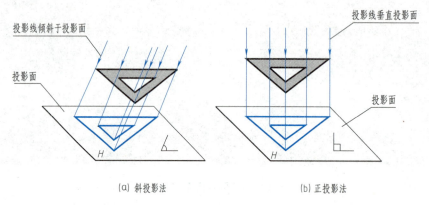

(a) 斜投影法　　　　(b) 正投影法

图 2-6 平行投影法

1. 正投影图

正投影图是一种三面投影图,属于平行投影法绘制的图样。

空间形体在三个互相垂直的投影面上进行正投影,然后将互相垂直的三个投影面按规定方式展开在一个平面上,从而得到形体的三面正投影图,由这三个正投影便能完全确定该形体的空间位置和形状。如图 2-7 所示为桥台的三面正投影图。

正投影图的优点是度量性好、作图较简便。采用正投影法绘制时,常将形体的多数平面摆放成与相应投影面平行的位置,这样得到的投影图能反映出这些平面的实形,因此,在工程上应用最广,通常是施工图样。

其缺点是无立体感,直观性较差。

2. 轴测投影图

轴测投影图是单面投影图,属于平行投影法绘制的图样。它是把形体按平行投影法中的斜投影法投影至单个投影面上所得到的图样。如图 2-8 所示，为桥台的正等测轴测图。

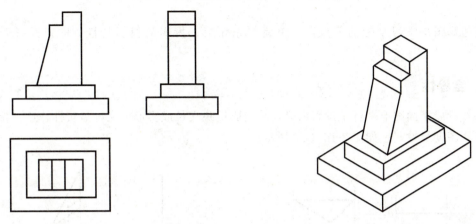

图 2-7　桥台的三面正投影图　　　　　图 2-8　桥台的正等测轴测图

轴测投影的优点是在单个投影图上可以同时反映出形体长、宽、高三个方向上的尺度及形状，所以富有立体感，直观性较好。

其缺点是作图复杂耗时、变形严重、度量性差，通常只能作工程上的辅助参考图样。

3. 标高投影图

标高投影图是一种带有高程数字标记的单面正投影图，常用来表达不规则曲面如地形面（地形面——不规则的自然地面）。假想用一系列水平面截割某一山峰，如图 2-9 所示，用一系列标有高程数字的截交线（即等高线）来表示地面的起伏，这就是标高投影图。它具有正投影的特性。

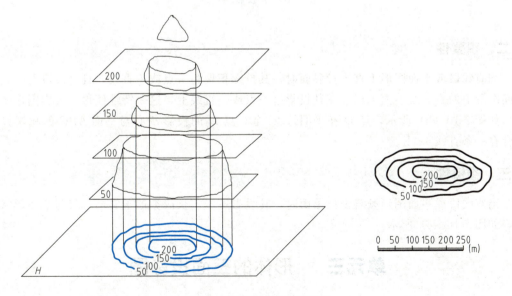

图 2-9　某山峰的标高投影图

用这种标高投影法表达地形面所画出的图称为地形图，在道路工程上被广泛采用。

单元二 ▶ 正投影的特性

正投影图是学习掌握的重点，本单元首先介绍正投影的投影特性，即正投影的基本性质。

一、全等性

当线段或平面图形平行于投影面时，其投影反映实长或实形，又称显实性，这一特性使得正投影图度量性好。如图 2-10（a）所示。

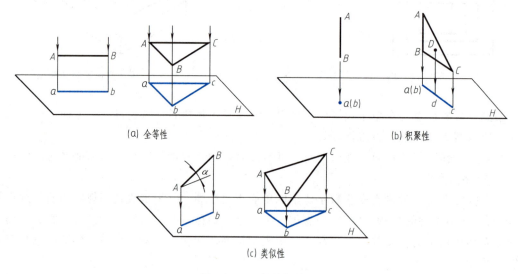

图 2-10 正投影的特性

二、积聚性

当直线段或平面图形垂直于投影面时，其投影积聚为一点或一直线，且直线段上的点或平面图形上的点、线、面也积聚在其投影这一点或一直线上，这一特性使得正投影图作图简便。如图 2-10（b）所示，点 D 在平面 ABC 上，点 D 的投影 d 必与平面 ABC 的积聚投影重合在一条直线 ac 上。

三、类似性

当直线段或平面图形倾斜于投影面时，其投影短于实长或类似于实形，仅与空间形状类似，如图 2-10（c）所示。

单元三 ▶ 形体的三面投影图

一、三投影面体系的建立及其名称

空间形状各异的几个形体，在同一投影面上的投影却是相同的，如图 2-11 所示。这说明,根据形体的一个投影,往往不能准确地表示形体的空间形状。因此,一般把形体放在三个互相垂直的投影面所组成的三投影面体系中进行投影,如图 2-12 所示。只有在这样一个投影体系中,才能比较充分完整地表达出形体的空间形状以及长、宽、高三个方向的尺寸大小。在三面投影体系中,水平放置的投影面称为水平投影面,用字母"H"表示,简称为 H 面;正对观察者的投影面称为正立投影面,用字母"V"表示,简称为 V 面;观察者右侧的投影面称为侧立投影面,用字母"W"表示,简称为 W 面。三投影面两两投影面相交构成的三条投影轴称为 Ox、Oy 和 Oz 轴,三投影轴的交点 O 称为原点。

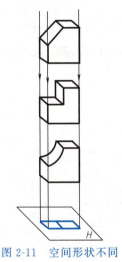

图 2-11 空间形状不同的形体的单面投影

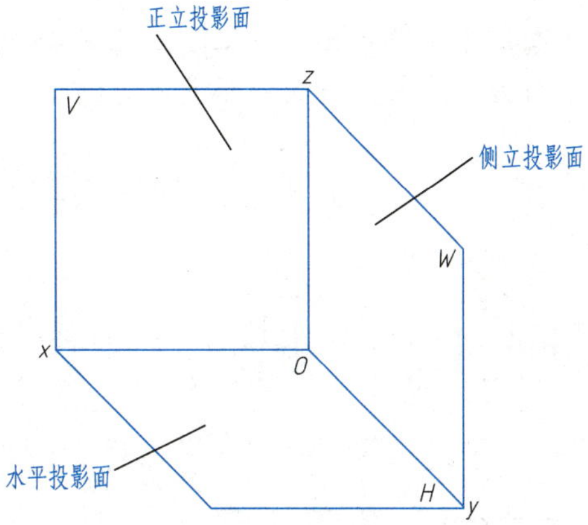

图 2-12 三投影面体系

二、三面投影图的形成

将形体置于三投影面体系中,使形体的主要面分别平行于三个投影面,用三组分别垂直于三个投影面的光线对形体进行投影,就得到该形体在三个投影面上的投影,如图 2-13 所示。

① 由上向下投影,在 H 面上得到了形体的 H 面投影图;
② 由前向后投影,在 V 面上得到了形体的 V 面投影图;
③ 由左向右投影,在 W 面上得到了形体的 W 面投影图。

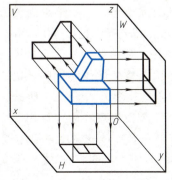

图 2-13 形体的三面投影图的形成

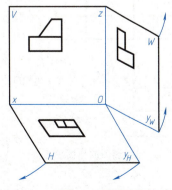

图 2-14 形体三面投影图的展开

H、V、W 三个投影图就是形体的三面投影图。根据形体的三面投影图，就可以确定该形体的空间位置、形状。

三投影面体系是在三维立体空间建立的，为了使三投影图能画在一张图纸上，还必须把三个投影面展开，使之平铺在同一平面上。国标规定：V 面不动，H 面绕 Ox 轴向下旋转 $90°$，W 面绕 Oz 轴向右旋转 $90°$，使它们转至与 V 面同在一个平面上，如图 2-14 所示，这样就能够得到画在同一平面上的三面投影图。展开后 y 轴出现两次，一次是随 H 面转至下方，与 z 轴同在一铅垂线上，标作 y_H；另一次随 W 面转至右方，与 x 轴在同一水平线上，标作 y_W。平铺后的三面投影图如图 2-15 所示。

由于投影图与投影面的大小无关，为了简化作图，在三面投影图中不画投影面的边框，投影图之间的距离可根据需要确定，三条轴线亦可省去。根据三个投影面的相对位置及展开的规定，三面投影图的位置关系是：以立面图为准，平面图在立面图正下方，左侧立面图在立面图的正右方。这种配置关系不能随意改变。如图 2-16 所示。

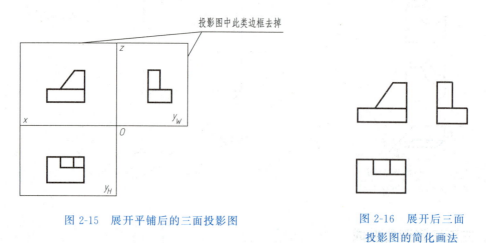

图 2-15　展开平铺后的三面投影图

图 2-16　展开后三面投影图的简化画法

三、三面投影图的作图规律

三面投影图是从形体的三个方向投影得到的。投影图展开后，形体的水平投影和正面投影沿 x 轴方向都反映形体的长度，它们的位置左右应该对正；形体的正面投影和侧面投影沿 z 轴方向都反映形体的高度，它们的位置上下应该对齐；形体的水平投影和侧面投影沿 y 轴方向都反映形体的宽度，它们的宽度尺寸应该相等，这就是三面投影图的作图基本规律——"**长对正、高平齐、宽相等**"（简称"三等"关系）。"长对正、高平齐、宽相等"是三面投影图最基本的投影规律，它不仅适用于整个形体的投影，也适用于形体的每个局部甚至每个点的投影，如图 2-17 所示。

"长对正""高平齐"较为直观，而"宽相等"对于初学者来说不易建立，作图时，形体的宽度常以原点 O 为圆心画弧，或者利用从原点 O 引出的 $45°$ 斜线来相互转移保证"宽相等"。

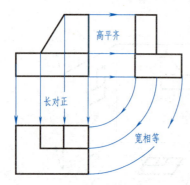

图 2-17　三面投影图的作图规律

空间每个形体都有长度、宽度、高度三个尺寸和左右、前后、上下六个方位，如图 2-18 所示。

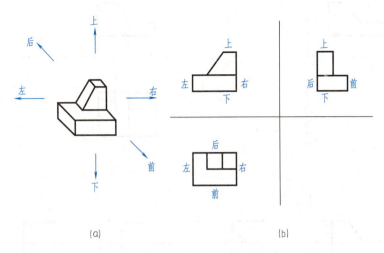

图 2-18　形体的三个尺寸、六个方位

每个投影能反映其中两个尺寸、四个方位关系如下：
H 面反映形体的长度和宽度，同时也反映左右（x 轴）、前后位置（y 轴）；
V 面反映形体的长度和高度，同时也反映左右（x 轴）、上下位置（z 轴）；
W 面反映形体的高度和宽度，同时也反映上下（z 轴）、前后位置（y 轴）。

熟练掌握空间形体的方位关系和"三等"关系对道路工程图样的绘制及识读极为重要，它是学习工程制图的重点方法和关键技能之一。

四、三面投影图的画法及尺寸标注

工程制图主要就是学习如何运用投影原理、投影方法、投影特性及投影规律在图纸上表达出空间形体、工程构筑物的实际形状大小。画图之前，应先确定正面投影图的投影方向，从最能反映形体特征的一面画起，然后再完成其余两面投影。

【例 2-1】　根据图 2-19 所示形体的立体直观图，用 1∶1 的比例绘制其三面投影图，并标注尺寸。

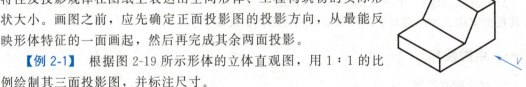

图 2-19　形体的立体直观图

解　分析：正面投影方向为直观图中箭头所指方向，形体的前后两面平行于 V 投影面，较能代表其特征形状，因而画好投影轴大致将三个图样位置划分好后，可以着手作图。

作图：
① 先画 V 面投影。V 面投影离 x、z 两轴应留下能标注 2～3 个尺寸的间距，如图 2-20（a）所示；
② 保证"长对正"，再画 H 面投影。H 面投影离 x 轴也应留下能标注 2～3 个尺寸的间距，如图 2-20（b）所示；
③ 再根据 V、H 面投影，保证"高平齐""宽相等"绘制 W 面投影，如图 2-20（c）所示；
④ 擦净作图辅助线，检查、整理、加深图线，标注尺寸，如图 2-20（d）所示。

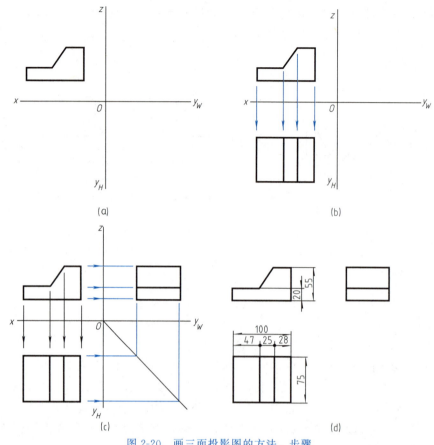

图 2-20 画三面投影图的方法、步骤

单元四 ▶ 形体表面的点、直线、平面的投影

点、直线（段）、平面（线框）是组成形体的基本几何元素，掌握它们的投影特性、分析其投影规律，可以提高空间想象能力和投影图识读能力。

一、点的投影

1. 点的空间位置

点在三面投影体系中有八种空间位置，如图 2-21 所示。

点 A——一般位置；
点 B——落在 V 面；
点 C——落在 H 面；
点 D——落在 W 面；
点 E——落在 x 轴；
点 F——落在 y 轴；
点 G——落在 z 轴；
点 H——落在原点。

其中，除了点 A 外，其余均为特殊位置点。

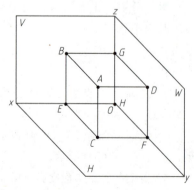

图 2-21 点的空间位置

2. 点的三面投影图

空间一点的三面投影作图规律同样遵守"长对正、高平齐、宽相等",三面投影展开图也同样符合"三等关系"。

空间点可用大写英文字母表示,则其 H 面投影用对应的小写英文字母(如 a),V 面投影用对应的小写英文字母加一撇(如 a'),W 面用对应的小写英文字母加两撇表示(如 a''),如图 2-22 所示。

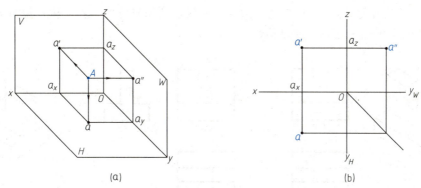

图 2-22 点的空间位置及其三面投影图

3. 两点的相对位置

两个以上的点在空间有左右、前后、上下六个方位的相对位置,如图 2-23(a)所示。

当两个点到一个投影面的距离相同时,只需要判断它们四个方位的相对位置,如图 2-23(b)所示。

当两个点到两个投影面的距离相同时,仅需要判断它们两个方位的相对位置,此时该两点叫"重影点",即它们有一面的投影完全重合了。该面投影要进行可见性判断——将不可见点加括号表示。如图 2-23(c)所示。

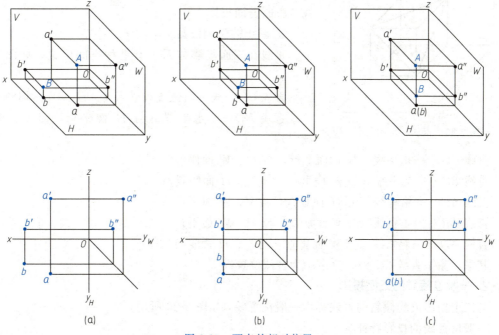

图 2-23 两点的相对位置

4. 体表面点的投影

作体表面点的三面投影仍应遵循空间点的三面投影规律。

【例 2-2】 如图 2-24（a）所示，根据形体的立体直观图及两投影，完成形体和 A、B 两点的三面投影，并在立体图上标注出 A、B 两点。

解 作图：因为已知点 A、B 的 V、H 两投影，根据点的投影同样符合"三等关系"，"高平齐、宽相等"后完成其 W 投影，如图 2-24（b）所示；

根据 a、a'、a''、b、b'、b'' 反映出的 A、B 两点的相对位置，在立体直观图上确定出空间点 A、B 的位置如图 2-24（c）所示。

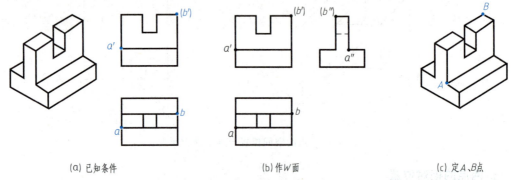

(a) 已知条件　　　　　(b) 作W面　　　　　(c) 定A、B点

图 2-24　A、B 两点的投影图

二、直线的投影

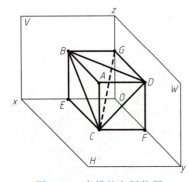

图 2-25　直线的空间位置

作直线的三面投影的实质就是作直线两端点的三面投影后，将同面投影相连即可。如图 2-23（b）、（c）所示，将 A、B 两点同面投影连线，ab、$a'b'$、$a''b''$ 就是直线 AB 的三面投影。

1. 直线的空间位置

直线在三面投影体系中有七种空间位置，如图 2-25 所示。

直线 CG——一般位置线（与 V、H、W 面均倾斜）；

直线 BD——水平线（与 H 面平行，与 V、W 面倾斜）；

直线 CD——正平线（与 V 面平行，与 H、W 面倾斜）；

直线 BC——侧平线（与 W 面平行，与 V、H 面倾斜）；

直线 AC——铅垂线（与 H 面垂直，与 V、W 面平行）；

直线 AB——正垂线（与 V 面垂直，与 H、W 面平行）；

直线 AD——侧垂线（与 W 面垂直，与 V、H 面平行）。

其中，除了直线 CG 外，其余均为特殊位置线。

2. 一般位置线的三面投影

与三个投影面均倾斜的直线称为一般位置线，如图 2-26 所示。

一般位置线的投影特征为：

① 直线的三面投影均比空间实长短；
② 三面投影均与投影轴倾斜；
③ 三面投影无一反映直线实长及直线与 H、V、W 三个投影面的夹角 α、β、γ。

根据投影图判断一空间直线是否为一般位置线的充分条件为：

① 三面投影均为与投影轴倾斜的直线时该线为一般位置线（三斜）；

② 两面投影为与投影轴倾斜的直线时该线也为一般位置线（两斜）。

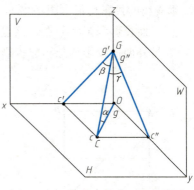

图 2-26 一般位置线的三面投影图

3. 平行线的三面投影

与一个投影面平行，与另外两个投影面倾斜的直线称为投影面的平行直线，简称平行线，如图 2-25 所示的 BD、CD、BC 均为平行线。图 2-27 为水平线 BD、正平线 CD、侧平线 BC 的三面投影。

平行线的投影特征为：

① 直线在其平行的投影面上的投影为与相应轴倾斜的直线，如图 2-27 中的 bd、$c'd'$、$b''c''$，反映实长，并反映空间直线与另外两投影面的夹角；

② 另两面投影为与相应两轴平行的直线，比空间实长要短。

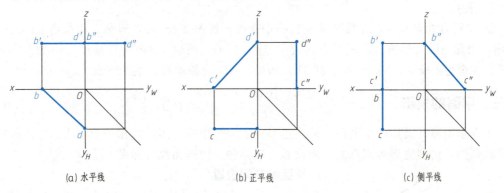

(a) 水平线　　　　　(b) 正平线　　　　　(c) 侧平线

图 2-27 平行线的三面投影图

根据投影图判断一空间直线是否为平行线的充分条件如下：

① 一面投影为与投影轴倾斜的直线，另两面投影均为与相应投影轴平行的直线时，该线为平行线（一斜二平）。

② 一面投影为与投影轴倾斜的直线，另一面投影为与投影轴平行的直线时该线也为平行线（一斜一平）。

③ 空间直线是属于斜线所在投影面的平行线。如图 2-27（a）所示，斜线 bd 在水平面上，因此 BD 为水平线；斜线 $c'd'$ 在正立面上，所以，CD 为正平线，如图 2-27（b）所示；同理，斜线 $b''c''$ 在侧立面上，所以，BC 为侧平线，如图 2-27（c）所示。

4. 垂直线的三面投影

与一个投影面垂直，与另外两个投影面平行的直线称为投影面的垂直直线，简称垂直线，如图 2-25 所示的 AC、AB、AD 均为垂直线。

垂直线的投影特征（图 2-28）：

① 一面投影积聚为一点，该点到相应两轴的距离反映空间直线到另外两投影面的距离；

② 另外两面投影均与相应投影轴垂直，且反映实长。

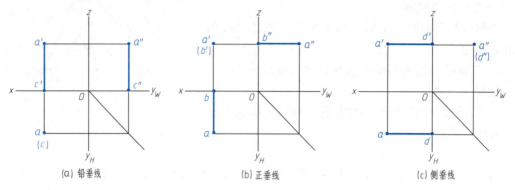

图 2-28　垂直线的三面投影图

根据投影图判断一空间直线是否为垂直线的充分条件如下：

① 一面投影积聚为点，另两面投影均为与相应投影轴垂直的直线时，该线为垂直线（一点二直）。

② 一面投影积聚为点，另一面投影为与相应投影轴垂直的直线时，该线也为垂直线（一点一直）。

③ 空间直线是与点所在投影面垂直的垂直线。如图 2-28（a）所示，积聚点 $a(c)$ 处于 H 面，因此 AC 为铅垂线；积聚点 $a'(b')$ 处于 V 面，所以，AB 为正垂线，如图 2-28（b）所示；同理，积聚点 $a''(d'')$ 处于 W 面，所以，AD 为侧垂线，如图 2-28（c）所示。

三、平面的投影

工程制图通常是用一个平面几何多边形代表一个平面。因此，作一个平面的三面投影的实质就是作几何多边形各端点的三面投影，连接各点的同面投影即可。

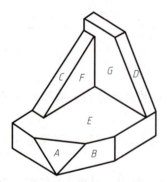

图 2-29　平面的空间位置

1. 平面的空间位置

平面在三面投影体系中有七种空间位置，如图 2-29 所示。

平面 A——一般位置面（与 V、H、W 面均倾斜）；

平面 B——铅垂面（与 H 面垂直，与 V、W 面倾斜）；

平面 C——正垂面（与 V 面垂直，与 H、W 面倾斜）；

平面 D——侧垂面（与 W 面垂直，与 V、H 面倾斜）；

平面 E——水平面（与 H 面平行，与 V、W 面垂直）；

平面 F——正平面（与 V 面平行，与 H、W 面垂直）；

平面 G——侧平面（与 W 面平行，与 V、H 面垂直）。

其中，除了平面 A 外，其余均为特殊位置面。

2. 一般面的三面投影

与三个投影面均倾斜的平面称为一般面，如图 2-29 所示的 A 面。

一般面的投影特征（图 2-30）：

① 三面投影均为空间实形的类似形状；

② 无一投影反映空间实形及平面与 H、V、W 三投影面的夹角 α、β、γ。

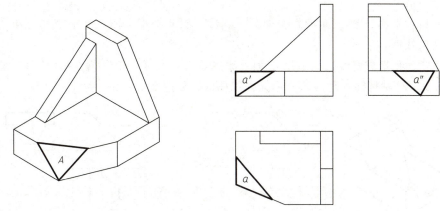

图 2-30　一般面的三面投影图

根据投影图判断一空间平面是否为一般面的充分条件为：三面投影均为类似几何图形，则该平面为一般面。

3. 垂直面的三面投影

与一个投影面垂直，与另外两个投影面倾斜的平面称为垂直面。如图 2-29 所示的 B、C、D 面。

垂直面的投影特征（图 2-31）：

① 一面积聚成与相应两投影轴倾斜的直线，该斜线与投影轴的夹角反映平面空间与两个投影面的倾角；

② 另外两面是与空间实形类似的几何图形。

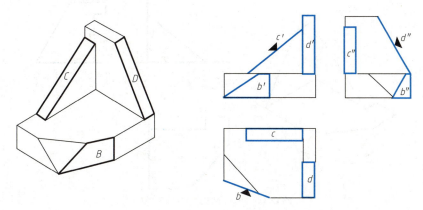

图 2-31　垂直面的三面投影图

根据投影图判断一空间平面是否为垂直面的充分条件如下：

① 一面积聚成与投影轴倾斜的直线，另两面为类似几何图形的平面在空间为垂直面；

② 一面积聚成与投影轴倾斜的直线，另一面为类似几何图形的平面在空间也为垂直面；

③ 一面积聚成与投影轴倾斜的直线，该平面在空间也为垂直面；

④ 空间平面是属于积聚线所处投影面的垂直面。如图 2-31 所示，积聚线 b 处于 H 面，因此 B 为铅垂面；积聚线 c' 处于 V 面，所以，C 为正垂面；积聚线 d'' 处于 W 面，则 D 为侧垂面。

【例 2-3】 已知形体表面的平面 A 其正面投影 a'，判断其空间位置，并标注出其另两投影 [图 2-32 (a)]。

解 分析：平面 A 的正面投影积聚为一斜线，因此是正垂面，其对应的另两个投影均为八边形几何线框。

作图：V 面积聚成直线，一般用 a' 加上涂黑的三角形（三角形顶点指向积聚线）表示。另两投影 a、a'' 分别标注在对应八边形几何线框内，如图 2-32 (b) 所示。

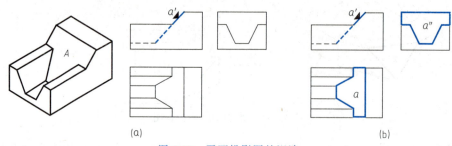

图 2-32 平面投影图的识读

4. 平行面的三面投影

与一个投影面平行，与另外两个投影面垂直的平面称为平行面。如图 2-29 所示的 E、F、G 面。

平行面的投影特征为（图 2-33）：

① 一面是与空间实形全等的几何图形；

② 另外两面积聚成与相应两投影轴平行的直线，直线与相应投影轴的距离反映了空间该平面到它所平行投影面的距离。

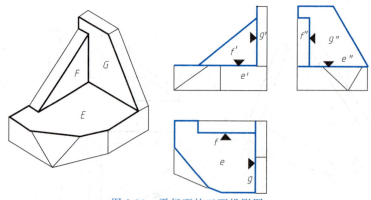

图 2-33 平行面的三面投影图

根据投影图判断一空间平面是否为平行面的充分条件如下：

① 一面为几何图形，另两面积聚为与投影轴平行的直线，该平面在空间位置为平行面；

② 一面为几何图形，另一面积聚为与一投影轴平行的直线，该平面在空间位置也为平行面；

③ 两面投影积聚成与两个投影轴平行的直线，则该平面在空间位置也为平行面；

④ 空间平面是与几何图形线框所在投影面平行的平面。如图 2-33 所示，几何图形 e 处于 H 面，因此 E 为水平面；几何图形 f' 处于 V 面，所以，F 为正平面；同理，几何图形 g'' 处于 W 面，则 G 为侧平面。

小　结

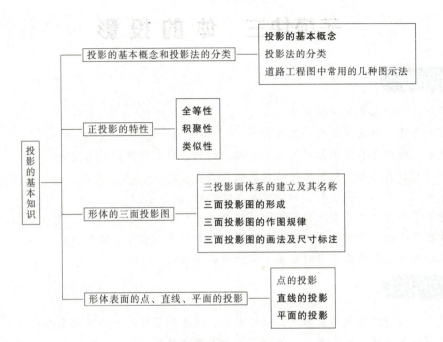

综合实训练习

完成正四棱柱截切体的三面投影图。

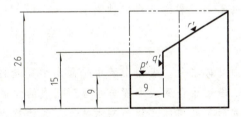

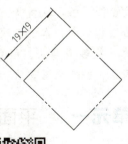

二维码 2-1

子模块三　体的投影

【知识目标】

- 了解形体的基本定义和分类
- 了解平面体和曲面体线、面的构成
- 理解《道路工程制图标准》对基本体、组合体投影作图的基本规定
- 理解正投影、轴测投影的特性及优缺点
- 掌握基本体三面正投影图的画法及尺寸标注
- 重点掌握组合体三面正投影图的画法及尺寸标注
- 掌握基本体、常用组合体的正等测图、斜等测图、斜二测图的画法
- 熟悉形体三面投影图与对应轴测图的识读方法

【能力目标】

- 能应用《道路工程制图标准》对基本体、组合体图样投影作图的基本规定
- 能遵循基本体、组合体三面投影图的作图基本程序
- 能解释三面正投影图与轴测图的特性及优缺点
- 能用制图工具仪器绘制工程常见形体的三面正投影图并合理标注尺寸
- 能用制图工具仪器绘制工程较简单形体的正等测图、斜等测图、斜二测图
- 能识读较复杂形体的三面投影图与对应轴测图

【导语】

立体有平面立体与曲面立体之分。表面由若干平面图形围成的立体称为平面立体，简称平面体，如棱柱、棱锥等。表面由曲面或曲面与平面形围成的立体称为曲面立体，简称曲面体，如圆柱、圆锥等。这些简单几何体又称为基本体。工程构筑物从形体角度来看，都是由一些基本体按照不同方式组成的。为了使复杂工程构筑物表达得正确、清晰，工程图样必须从画好简单形体的三面正投影图开始，从而掌握复杂形体的三面投影图绘制，进一步掌握形体对应的立体直观图样的画法和识读。本子模块主要介绍：基本体的分类和三投影图画法；基本截切体、简单相贯体的三投影图画法；组合体的三面投影图的绘制及尺寸标注；基本体、组合体的正等测、斜等测、斜二测图画法。

单元一　▶ 平面立体的投影

平面体的表面都是由平面形围成的，所以作平面体的投影就是作围成它的表面各平面形的投影。因此，弄清组成立体表面的各平面形的空间位置及其投影特性对正确绘制平面体的投影图至关重要。

工程上常用的平面体有棱柱体、棱锥体和棱台体。

一、棱柱体

一个平面体，如果有两个面是全等多边形且互相平行，其余各面均为矩形，称为棱柱体。

如图 3-1（a）所示为一正六棱柱，将正六棱柱置于三面投影体系中，如图 3-1（b）所示。

此正六棱柱的几何特征为：

顶面和底面是全等的正六边形，均为水平面；正六边形的六条边中有四条边是水平线，前后两条是侧垂线；六个侧面均为矩形，有四个是铅垂面，前后两个是正平面；六条棱线均为铅垂线。

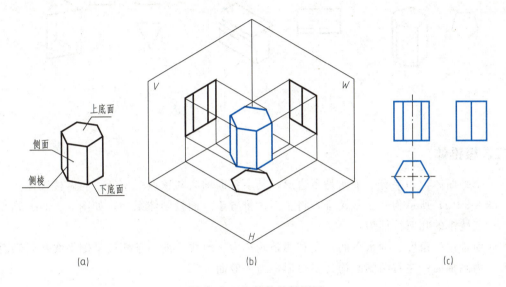

图 3-1 正六棱柱的投影图

如图 3-1（c）所示为这个正六棱柱的三面投影图，可以看出：

① 正六棱柱的 H 面投影是一正六边形，它是上下底面的重影且反映实形；六条边是垂直于上下底面的六个侧面的积聚投影；六个顶点是六条侧棱的积聚投影。

② V 面投影是并列的三个矩形线框。中间的矩形是棱柱前后侧面的重影，且反映实形；左右的矩形是其余四个侧面的前后重影，为类似形；线框上下两条水平线是上下底面的积聚投影；四条竖线是侧棱的投影，反映实长。

③ W 面投影是并列的两个矩形线框，是棱柱左右四个侧面的重影，为类似形；两侧竖线是棱柱前后侧面的积聚投影；中间竖线是侧棱的重影；上下水平线是上下底面的积聚投影。

棱柱体三投影的共同特征是：一面为反映底面实形的多边形，另两面为若干并列的实线或虚线矩形。

工程构筑物绝大部分是由各种棱柱体组成的，它们都遵循着对应的三等关系，具有棱柱体三投影图的共同特征。

如图 3-2 所示为各种常见棱柱体及其三投影图。

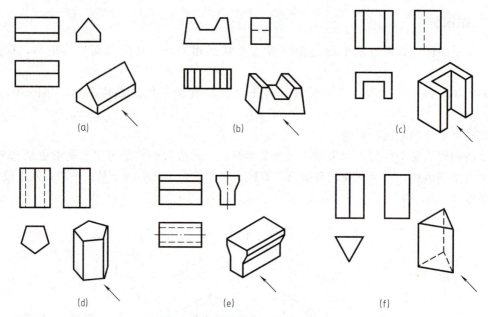

图 3-2 常见棱柱体及其三投影图

二、棱锥体

一个平面体，如果有一个面是多边形，其余各面均为共顶点三角形，叫做棱锥体。

图 3-3（a）所示为一正三棱锥，将正三棱锥置于三面投影体系中，如图 3-3（b）所示。正三棱锥的几何特征为：

底面是正三角形，为水平面；左右两条侧棱为一般线，前一条侧棱是侧平线；后侧面三角形，为侧垂面；左右两侧面均为三角形，为一般面。

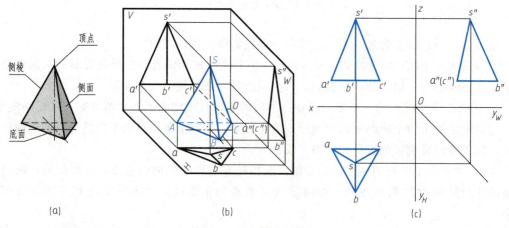

图 3-3 正三棱锥的投影

图 3-3（c）所示为这个正三棱锥的三面投影图，从图中可以看出：

① 正三棱锥的 H 面投影最外边是一大正三角形 abc，中间围绕三个三角形 sab、sbc、sca，它是底面实形与三个侧面类似投影的重叠，大三角形内三根线 sa、sb、sc 是三根侧棱的类似投影，这三根线的交汇点 s 为棱锥顶点。

② V 面投影是并列的两个三角形线框，是三棱锥三个侧面的投影；下边一根水平线 $a'c'$ 是底面的积聚投影，三根侧棱的类似形交汇于顶点 s'。

③ W 面投影是一个非等腰三角形 $s''a''b''$，是左右侧面的重影；底边水平线 $a''b''$ 是底面的积聚投影，前面斜线 $s''b''$ 是三棱锥前侧棱的实长投影，后斜线 $s''a''(c'')$ 是后侧面的积聚投影。

棱锥体三投影的共同特征是：一面为反映底面实形的多边形中间围绕若干三角形，另两面为若干并列的实线或虚线三角形。

工程构筑物中棱锥体还经常用到四棱锥体。图 3-4 所示为四棱锥及其三面投影图。

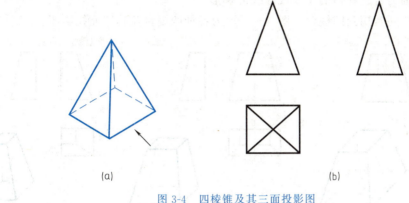

图 3-4　四棱锥及其三面投影图

三、棱台体

棱台体可以看作是棱锥体截切掉锥顶部分后的形体。

一个平面体，如果有两个大小不同的类似多边形底面且二者互相平行、其余各面均为梯形，这种平面体叫做棱台体。图 3-5（a）所示为一个六棱台。

六棱台的几何特征为：

上下底面为大小不等的两个六边形，均为水平面；六边形的六条边中有四条为水平线，前后两条为侧垂线；六个侧面均为梯形，四个为一般面，前后两个为侧垂面；六条侧棱左右两条为正平线，其余四条为一般线。

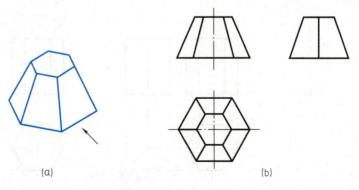

图 3-5　六棱台的投影

图 3-5（b）所示为这个六棱台的三面投影图。从图中看出：

① 六棱台的 H 面投影是两个大小不同的六边形，反映底面实形，两六边形之间夹绕六个梯形，反映六个侧面的类似形；夹绕的六根线为六根侧棱的类似投影；

② V 面投影为三个并列梯形，是六个梯形侧面的重影，上下两根水平线是上下底面的积聚投影，左右两条腰线是左右侧棱的实长投影；

③ W 面投影为两个并列梯形，是六个梯形侧面的重影，上下两根水平线是上下底面的积聚投影，前后两条腰线是前后侧面的积聚投影，中间一根线是其余两条侧棱类似投影的重影。

棱台体三投影的共同特征是：一面为两个大小不同且反映底面实形的多边形，其间夹绕若干梯形，另两面为若干并列的实线或虚线的梯形。

工程构筑物中还常用到四棱台。图 3-6 所示为各种四棱台及其三面投影图。

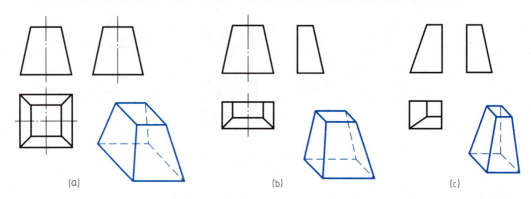

图 3-6　各种四棱台及其三面投影图

四、平面体投影图的画法

画平面体的三面投影图，实质就是根据相对投影面的位置关系，画出构成形体的侧面、底面、底面边线、侧棱、角点的三投影。

一般作图步骤如下：

① 弄清平面体的空间几何特征，确定摆放位置即确定正面投影方向，将大多数平面处于特殊位置，且按投影方向看去，尽量减少不可见轮廓线，若是工程构筑物还应遵守符合正常稳定的工作状态；

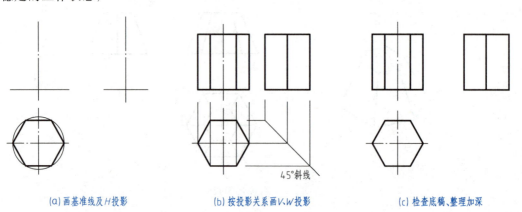

(a) 画基准线及 H 投影　　(b) 按投影关系画 V、W 投影　　(c) 检查底稿、整理加深

图 3-7　正六棱柱三面投影图的作图步骤

② 分析该平面体表面各个面、棱、边、点的特点；
③ 定位布图，先画出中心对称线或端线等基准线；
④ 画出反映底面实形的投影，再根据投影关系完成其他两投影；
⑤ 检查图样无误，加深图线，标注尺寸。

注：形体的空间形状是由其三面投影图确定的，与它距离三个投影面的远近无关，因此，作图时可以不考虑形体到投影面的距离，也就是不必再画投影轴。用分规、直尺保证 H 面和 W 面投影的宽度相等后，$45°$斜线亦可省略。

图 3-7 所示是正六棱柱三面投影图的作图步骤。

单元二 ▶ 曲面立体的投影

由曲面或曲面与平面所围成的几何体，称为曲面立体，简称曲面体。

工程中的曲面体大多是回转体，回转体的曲面可以看作是由一条线围绕轴线回转形成。这条运动着的线称为母线，母线运行到任一位置称素线，围绕运动的轴线称导线。

工程中常见的回转体有圆柱体、圆锥体、圆台体。

一、圆柱体

1. 圆柱体的形成

圆柱面是由母线（直线段）绕与母线平行的轴旋转一周而形成。再在圆柱面上下各加盖两个平面圆形，即形成圆柱体，如图 3-8 所示。

2. 圆柱体的几何特征

圆柱面上的所有素线互相平行且都与轴线平行，两互相平行的底圆全等且垂直于轴线。

3. 圆柱体的三面投影

图 3-9（a）是一轴线 OO_1 垂直于 H 面的圆柱体，图 3-9（b）是其三面投影图。从图中看出：

① H 投影为一圆形，是两个底面的重影且反映实形，圆周线是圆柱面所有素线的积聚投影。

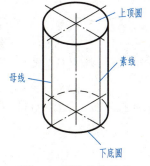

图 3-8 圆柱体的形成

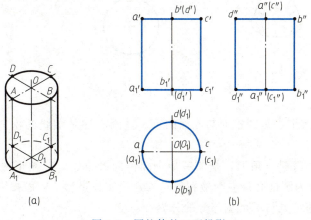

图 3-9 圆柱体的三面投影

② V 面投影为一矩形，是前后两个圆柱面的重影，矩形上下水平线是圆柱上下底面的积聚投影，左右竖线是最左和最右素线 AA_1、CC_1 的实长投影。因为这两条素线构成了圆柱面投影的轮廓线，故称之为轮廓素线。V 面投影的轮廓素线也是圆柱面对 V 面的可见与不可见部分的分界线。

③ W 面投影亦为一矩形，其两条竖线是圆柱面上最前 BB_1 和最后 DD_1 的素线的投影，这两条素线也是圆柱面对 W 面的可见与不可见部分的分界线。

由于圆柱面是光滑曲面，圆柱面上最左和最右的两条素线在 W 面上不画出来了，轴线的 V、W 面投影均用细点画线绘出。

4. 圆柱体的三投影特征

一面投影反映底面实形的圆形，另两面投影为两个全等的矩形。

二、圆锥体

图 3-10 圆锥体的形成

1. 圆锥体的形成

如图 3-10 所示，母线 SA 绕与它交于 S 点的轴线 SO 旋转一周而形成的曲面，称圆锥面，再在圆锥面下加上一个圆形底面形成圆锥体。

2. 圆锥体的几何特征

圆锥体仅有一个圆形底面；圆锥面上的素线都与底面倾斜且倾角相等，所有素线汇交于锥顶 S 点；轴线过底圆圆心和锥顶；锥面上只有锥顶与底圆周上的点的连线是直线（即素线）。

3. 圆锥体的三面投影图

图 3-11（a）是一轴线垂直于 H 面的圆锥体，图 3-11（b）是其三面投影图。从图中可以看出：

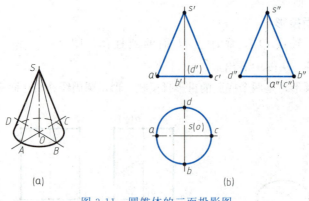

图 3-11 圆锥体的三面投影图

① H 投影为一圆形，是圆锥面与底面的重影，圆心即是轴线的积聚投影，也是锥顶 S 的水平投影；

② V 面投影为一等腰三角形，是前后半个圆锥面的重影，三角形底边为底面圆的积聚投影，三角形两腰线为圆锥面最左和最右的轮廓素线实长投影，V 面投影的这两条轮廓素线也是圆锥面对 V 面的可见与不可见部分的分界线；

③ W 面投影亦为一等腰三角形，其两条腰线是圆锥面上最前和最后的轮廓素线的实长

投影，这两条素线也是圆锥面对 W 面的可见与不可见部分的分界线。

4. 圆锥体的三投影特征

一面投影反映底面实形及圆锥面投影的圆形，另两面投影为两个全等的等腰三角形。

三、圆台体

1. 圆台体的形成

如图 3-12 所示，圆锥体被垂直于轴线的平面截去锥顶部分，剩余部分称圆台体。

2. 圆台体的几何特征

圆台体有两个直径大小不等的圆形底面，互相平行且垂直于轴线；圆台面上的素线都与底面倾斜且倾角相等，所有素线延长后汇交于一点；轴线过两个底圆圆心；圆台面上只有素线是直线。

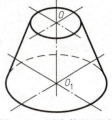

图 3-12　圆台体的形成

3. 圆台体的三面投影图

图 3-13（a）是一轴线垂直于 H 面的圆台体，图 3-13（b）是其三面投影图。从图中可以看出：

① H 投影为两个同心圆形，是两个底面水平投影的重合，两个圆周之间的圆环是圆台面的水平投影，圆心是轴线的积聚投影；

② V 面投影为一等腰梯形，是前后两半圆台面的重影，梯形上下底边为上下底面圆的积聚投影，梯形两腰线为圆台面最左和最右的轮廓素线实长投影，V 面投影的这两条轮廓素线也是圆台面对 V 面的可见与不可见部分的分界线；

③ W 面投影亦为一等腰梯形，其两条腰线是圆台面上最前和最后的轮廓素线的实长投影，这两条素线也是圆台面对 W 面的可见与不可见部分的分界线。

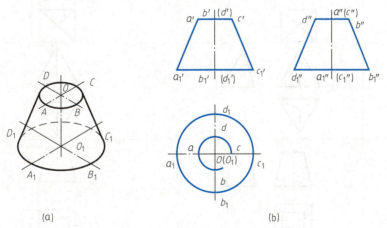

(a)　　　　　　　　(b)

图 3-13　圆台体的三面投影图

4. 圆台体的三投影特征

一面投影为反映底面实形的两个同心圆形，另两面投影为两个全等的等腰梯形。

四、常见基本体的投影特征及尺寸标注

在道路工程图中，表 3-1 的基本体是最常见的。在表 3-1 中通过对比反映了各类基本体的投影特征，以及表达这些立体应该画出的投影图。

表 3-1　常见基本体的投影图及尺寸标注

基本体名称	三面投影图	应标注尺寸
直角梯形四棱柱		
正六棱柱		
三棱柱		
正五棱柱		
矩形四棱锥		
正三棱锥		
矩形四棱台		
六棱台		

续表

基本体名称	三面投影图	应标注尺寸
圆柱		
圆锥		
圆台		

从表 3-1 中可以看出：

① 平面体的三面投影图均为多边形或多边形的组合图形，而回转体的三面投影图中有一个为圆形。

② 对棱柱与圆柱、棱锥与圆锥、棱台与圆台而言，决定其空间形状和大小的几何条件是底面和高度。如图 3-14 所示：（a）可能是三棱柱，也可能是直角梯形四棱柱等；（b）可能是圆柱，也可能是正四棱柱；（c）可能是圆台，也可能是正四棱台……因此，画投影图时，如果缺少了反映底面的主投影，立体的空间形状就不能确定。

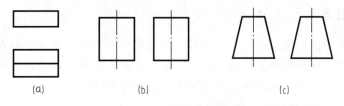

图 3-14　无底面的投影图

③ 标注柱体投影图的尺寸时，通常先标注反映底面实形投影的尺寸，然后再标注柱体棱长尺寸。

④ 标注锥体投影图的尺寸同柱体。

⑤ 标注台体投影图的尺寸，通常先标注反映两个底面实形投影的尺寸，然后再标注台体两个底面中心连线的尺寸。

单元三 截切体的投影

立体的截切就是立体被平面所切割。截切立体的平面称截平面；截平面与立体表面的交线称截交线；截交线围成的平面图形称断（截）面；立体被截切后的保留部分称为截切体，如图 3-15 所示。

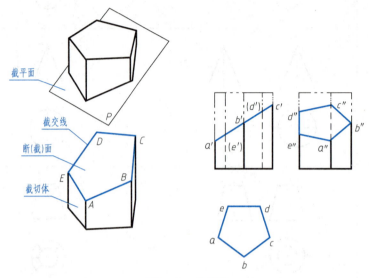

图 3-15 截切体

从图 3-15 中看出，要作出截切体的投影关键是处理好截交线的投影。

立体空间形状不同，截平面的位置不同，截切后的截交线形状也不同，但它们都有下面的共性：

① 截交线是截平面与立体表面的共有线；

② 截交线是闭合的平面图形（平面曲线、折线或二者的结合）。

立体截切后，被切割掉的部分在投影图中如要画出，应用细双点画线表示，如图 3-15 所示。

一、平面截切体

平面立体的截切面都是多边形，多边形（即截交线）的各边是立体的表面与截平面的交线，各顶点是立体的棱线与截平面的交点。因此，要求作平面立体的截交线，应先求出立体上各棱线与截平面的交点，再将各点的同面投影依次相连即可。

【例 3-1】 作正四棱柱截切体的投影（图 3-16）。

解 从图 3-16（a）中看出：

① 正四棱柱体上的截交线是被三个截平面 P、Q、R 切割而成。其中 P 为水平面，Q 为侧平面，R 为正垂面，所以截交线的 V 面投影都积聚成直线。

② 在 H 投影中，P 切割四棱柱体的截交线反映实形，为直角三角形；Q 切割四棱柱体的截交线积聚为直线；R 切割四棱柱体的截交线为类似五边形，其中一条边在 Q 的积聚直线上，四条边在四棱柱体四个侧面的积聚投影上。

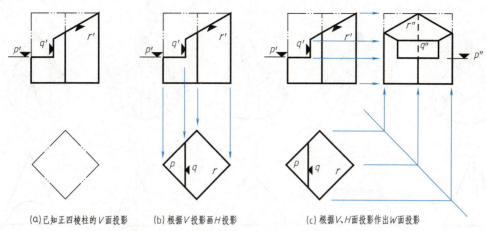

(a) 已知正四棱柱的V面投影　　(b) 根据V投影画H投影　　(c) 根据V、H面投影作出W面投影

图 3-16　作正四棱柱截切体的三投影图

③ 在 W 投影中，P 切割四棱柱体时的截交线积聚为直线；Q 切割四棱柱体的截交线反映实形，为矩形；R 的截交线仍为类似五边形，其中一条边与 Q 切割后的矩形上边重合。

要注意的是，从图 3-16（a）中可知，由于 P、Q 截平面均未切割到四棱柱右边侧棱，所以在 W 投影中，右边侧棱（不可见，画中虚线）完整无缺，只是下部分一段与左边侧棱的保留部分（可见，画粗实线）重影，应画成可见线型，如图 3-16（c）所示。

二、曲面截切体

曲面体（工程图中主要是指回转体）被平面截切，根据截平面的位置不同，其截交线可以是封闭的平面曲线、多边形或曲线与直线组成的平面图形。

截交线可以看成是曲面体的素线与截平面的交点连成的。因此，作曲面体的截交线投影，就是在曲面体上选择适当的素线，求出它们与截平面的交点，依次光滑连接即可。

图 3-17 与图 3-18 显示了工程常用曲面体的截切情况。

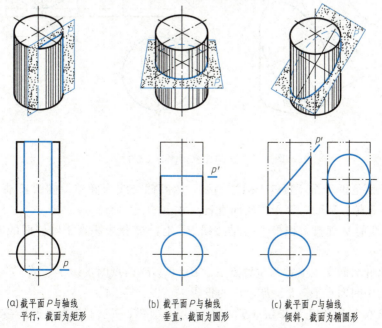

(a) 截平面P与轴线　　(b) 截平面P与轴线　　(c) 截平面P与轴线
　　平行，截面为矩形　　　　垂直，截面为圆形　　　　倾斜，截面为椭圆形

图 3-17　平面截切圆柱体的三种情况

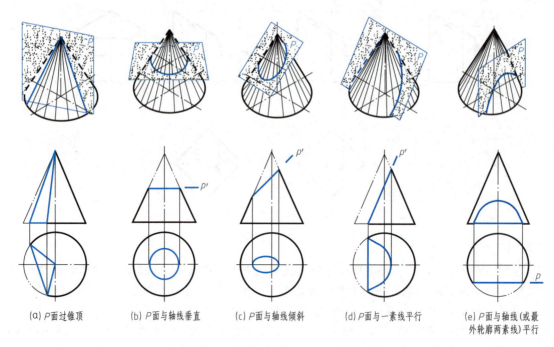

图 3-18 平面截切圆锥体的五种情况

【例 3-2】 完成圆柱截切体的三面投影图，如图 3-19（a）所示。

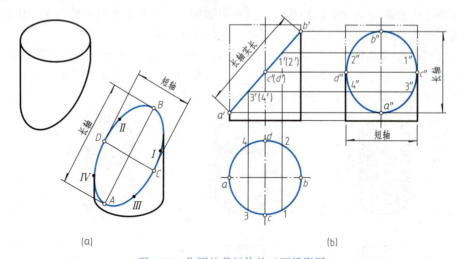

图 3-19 作圆柱截切体的三面投影图

解 因 P 面是正垂面，倾斜于圆柱轴线，故其截交线为椭圆。椭圆长轴 AB 平行于 V 面，短轴 CD 垂直于 V 面，等于圆底面直径尺寸。

椭圆截交线的 V 面投影积聚于 P 的迹线 P_V 上，H 投影积聚于圆柱面的 H 投影上，W 面投影为椭圆。

① 先求出椭圆截交线上特殊位置点 A、B、C、D 四点的投影 a''、b''、c''、d''；

② 再求出中间四点 Ⅰ、Ⅱ、Ⅲ、Ⅳ 的投影 $1''$、$2''$、$3''$、$4''$；

③ 将所求八个点的 W 投影 a''、b''、c''、d''、$1''$、$2''$、$3''$、$4''$ 依次光滑连接的椭圆曲线即为截交线的 W 投影。如图 3-19（b）所示。

【例 3-3】 完成圆柱截切体的三面投影图，如图 3-20 所示。

解 分析如下：

圆柱截切体可以看成被三个截平面截切而成的。由两个侧平面截切形成的截交线为矩形，侧面投影反映实形，并且重影，矩形的底边被未切部分挡住，其正面和水平投影均积聚成一直线段；由一个水平面截切形成的截交线为圆的一部分，水平投影反映实形，正面、侧面投影积聚成直线段。

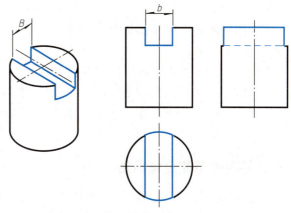

图 3-20　作圆柱截切体的三面投影图

三、截切体的尺寸标注

基本体截切体除了要注出基本体的尺寸外，还应注出断（截）面尺寸，即形成断面的截平面的位置尺寸。通常不注断面的实形尺寸，如图 3-21 所示。

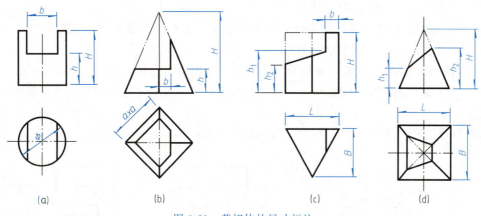

图 3-21　截切体的尺寸标注

单元四 ▶ *相贯体的投影

空间相交的立体称为相贯体，相交立体表面的交线称为相贯线。如图 3-22（a）所示。

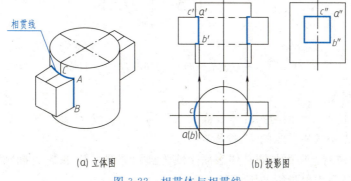

图 3-22　相贯体与相贯线

要求作相贯体的投影图,关键是处理好相贯线的投影图。

由于相贯体的空间几何形状、大小、位置不同,相贯线的形状也不同,但都有以下特性:

① 相贯线是相交两立体表面的共有线;

② 相贯线一般是封闭的空间折线或曲线,特殊情况下是封闭平面折线或曲线;

③ 当一个立体全部贯穿另一个立体时,产生两组相贯线;互相未贯穿时,产生一组相贯线。

一、平面体与曲面体相贯

平面体与曲面体的相贯线,一般是若干段平面曲线和直线组成的空间闭合线。每段曲线或直线是平面体的一个表面与曲面体的截交线,各折点是平面体的侧棱与曲面体表面的交点。

【例 3-4】 求作图 3-22(a)所示的长方体与圆柱体相贯的投影图。

解 作图分析如下:

① 长方体上、下面与圆柱体表面交线为圆弧线,H 投影反映实形,且与圆柱面积聚投影重影,应先完成相贯线的 H 投影;

② 长方体前、后面与圆柱体表面交线为铅垂线,H 投影积聚为点,且落在圆柱面积聚投影的圆周上,V、W 投影均为竖直线;

③ 根据相贯线的 H 投影,画出 V、W 投影,如图 3-22(b)所示。

注:为了突出说明相贯线的画法,图中只对相贯线加粗,实际应该所有可见轮廓线均为粗实线。

【例 3-5】 求作图 3-23(a)所示梯形四棱柱与圆柱体相贯的投影图。

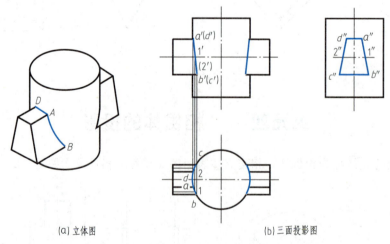

(a) 立体图　　　　　　　(b) 三面投影图

图 3-23　梯形四棱柱与圆柱体相贯的三面投影图

解 作图分析如下:

① 梯形四棱柱上、下面与圆柱体表面交线为圆弧线,H 投影反映实形,且与圆柱面积聚投影重影,应先完成相贯线的 H 投影;

② 梯形四棱柱前、后面与圆柱体表面交线为椭圆弧线,H 投影为椭圆弧类似形——圆弧线,且落在圆柱面积聚投影的圆周上;

③ 梯形四棱柱前、后面与圆柱体表面交线的 W 投影落在前、后面的积聚投影上，均为斜线段；

④ 根据左边一组相贯线的 H、W 投影，确定 A、B、C、D 四个折点的三投影，再画出中间两点 Ⅰ、Ⅱ 的三投影，最后，对称完成右边一组相贯线的三投影图，如图 3-23（b）所示。

二、两曲面体相贯

工程图中的两相贯曲面体，通常是两回转体。

两回转体的相贯线一般是封闭的空间曲线，求作相贯线时若两立体的曲表面都有积聚性，可利用积聚性直接求得。一般先求作出相贯线上的特殊点（如最高、最低、最前、最后以及可见与不可见分界点等），以确定相贯线的范围和弯曲趋势；然后在特殊点之间适当添加一些中间点，使相贯线具有一定的准确性；最后判别其可见性，并将点依次光滑连接即可。

【例 3-6】 求作图 3-24（a）所示的两圆柱体正交相贯的投影图。

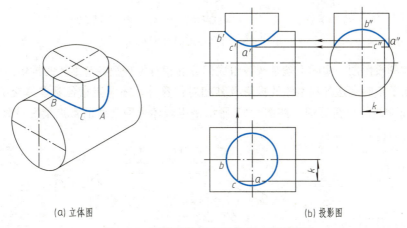

(a) 立体图　　　　　　　　　(b) 投影图

图 3-24　两圆柱体正交相贯的三面投影图

解　作图分析如下：

① 小圆柱体全部贯入大圆柱体中但未贯出，因此仅有一条相贯线，是闭合的空间曲线。相贯线上所有点既落在小圆柱体表面也落在大圆柱体表面。可先完成相贯线上 A、B 两个特殊点（因为相贯线前后对称）的 H、W 投影。

② 然后完成 A、B 两个特殊点的 V 面投影。

③ 再在相贯线上选出一个中间点 C，先完成其 H、W 投影后再完成其 V 面投影。

④ 将镜像对称后作好的五个点的 V 面投影依次光滑连接，如图 3-24（b）所示。

当两个回转体相贯具有公共轴线时，相贯线为与轴垂直的圆。图 3-25 所示均为同轴回转体相贯。

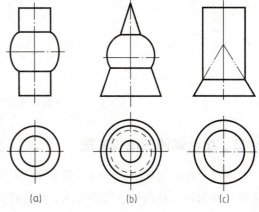

图 3-25　同轴回转体相贯

单元五 ▶ 组合体的投影

从形体角度看,工程构筑物大都是由一些简单的基本体按一定方式组成的。这种由基本体组合而成的复杂体称为组合体。

一、组合体的组合形式及其表面交线的分析

组合体的组合形式一般有叠加式和挖切式两种。实际工程构筑物中有很多既有叠加又有挖切,称为混合式。如图 3-26 所示。

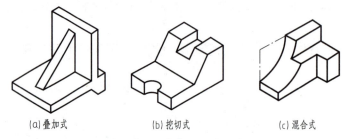

(a)叠加式　　　　(b)挖切式　　　　(c)混合式

图 3-26　组合体的组合形式

画组合体的投影图,实际上就是按各组成部分的相对位置把各基本体的投影图画出来。因此,画图时除了正确表达各基本体的投影及其相对位置外,还应注意各基本体交结处的画法,即组合体表面交线的分析处理。如图 3-27 所示是组合体表面交线的常见情况及处理要求。

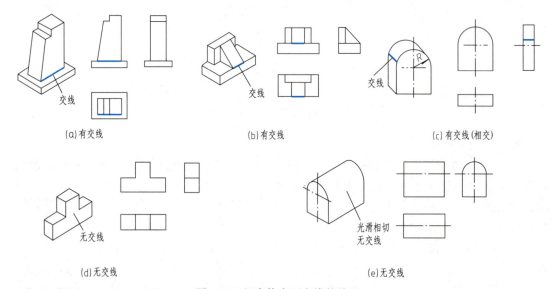

(a)有交线　　　　(b)有交线　　　　(c)有交线(相交)

(d)无交线　　　　(e)无交线

图 3-27　组合体表面交线的处理

二、组合体的三面投影图

画组合体的投影图,一般可按下列步骤进行:形体分析、确定摆放位置、选择投影图、选择比例图幅、画底稿、检查描深、标注尺寸、书写文字说明和填写标题栏。

形体分析法是求组合体投影图的基本方法,就是将组合体分解成几个基本体,分析出它

们的内外形状、相对位置、组合形式、表面交线等关系便得出组合体的投影图。

现以图 3-28（a）所示的简化的圆管涵洞出口立体直观图为例，用形体分析法说明组合体投影图的一般作图步骤。

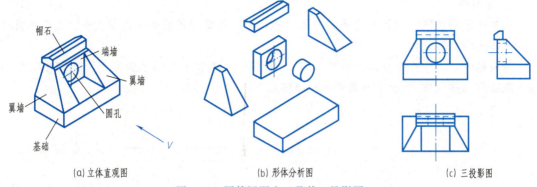

(a) 立体直观图　　　(b) 形体分析图　　　(c) 三投影图

图 3-28　圆管涵洞出口及其三投影图

1. 形体分析

如图 3-28（b）所示，该圆管涵洞出口是由六个基本体组合而成的，基础是长方体，端墙为长方体，两个翼墙为直角四棱台，帽石是直角五棱柱，圆孔为挖切圆柱体。组合形式为混合式。

2. 确定摆放位置

为了把组合体的形状完整简洁清晰地表示出来，还要选择合适的摆放位置和投影方向，主要应遵循以下几点：

① 在正立面图中能明显地反映组合体的主要形状特征和相对位置，如图 3-28（c）所示，立面图按照 V 方向投影时，V 面投影将明显地反映圆管和基础的形状特征及相互的位置，同时也便于图样与实物对照；

② 尽量使组合体的摆放位置处于组合体的正常、稳定的工作位置；

③ 应尽可能减少投影图中出现的虚线。

3. 选择投影图

在保证正确、完整、清晰地表达组合体形状构造的前提下，尽量地减少投影图数量。

如图 3-29（a）、（b）所示的沉井和圆台，其中的 V、H 投影足以表达清楚组合体的空间形状，W 面投影是多余的，习惯上可以省去不画；但图 3-29（c）中立柱则需要三个投影图。

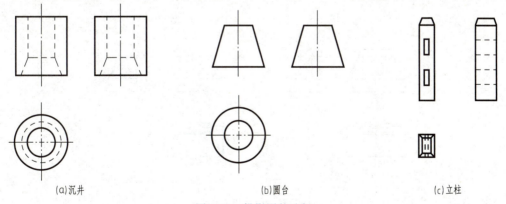

(a) 沉井　　　　　　(b) 圆台　　　　　　(c) 立柱

图 3-29　投影图的选择

4. 选择比例、图幅

投影方向、投影图选择确定后，还要根据组合体的总体尺寸大小和复杂程度，按国标规定选择适当的比例和图幅。

5. 画底稿

根据选定的作图比例和组合体的总体尺寸，粗略估算出各投影图占图大小，并考虑标注尺寸，将图样布置匀称。

画底稿时，力求作图准确，轻描淡写，用硬度为 H 以上的铅笔绘制。圆涵洞出口的具体作图步骤如图 3-30 所示。画图的基本顺序如下：

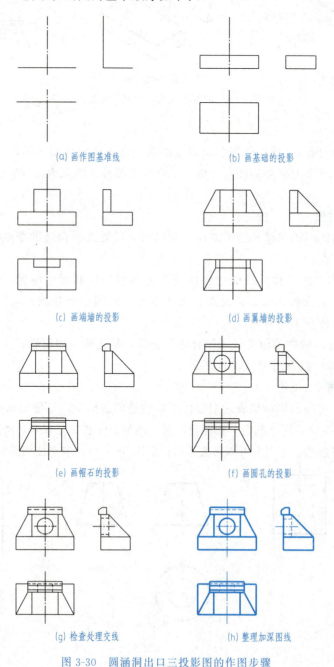

(a) 画作图基准线　　　　(b) 画基础的投影

(c) 画端墙的投影　　　　(d) 画翼墙的投影

(e) 画帽石的投影　　　　(f) 画圆孔的投影

(g) 检查处理交线　　　　(h) 整理加深图线

图 3-30　圆涵洞出口三投影图的作图步骤

① 先画每个投影图的作图基准线。一般对称方向以对称中心线为基准线，不对称的以某个大而平整的端面积聚线为基准线。

② 按照从大尺寸到小尺寸、从主体到附属体、从总体轮廓到局部细节的顺序，将每个基本体的三面投影按先画反映底面实形的投影后画其他投影的次序画出。注意，画投影图时，对组合体的每一组成部分，最好根据对应的投影关系同时画出，不要先把整个组合体某一投影全部画好后，再画另外的投影。

6. 检查和描深

底稿画完后，应按原作图顺序仔细检查每个投影，重点检查各基本体之间的交结关系处理是否正确，检查确认无误后按国际规定的各类线型要求加深加粗。

7. 标注尺寸（略）

8. 书写文字说明、填写标题栏（略）

带有截交线或相贯线的组合体更为复杂，需要运用点、线、面的综合知识和作图经验进行绘制。

【例 3-7】 求作图 3-31（a）所示组合体的三面投影图。

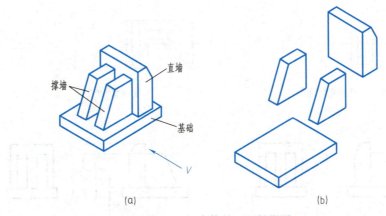

图 3-31 组合体的三面投影图

解 分析：先选择图 3-31（a）中箭头所示方向为 V 面投影方向；再用形体分析法将组合体分解成基础（为长方体）、直墙（为直角五棱柱）、两个撑墙（为直角梯形四棱柱）四大基本体，如图 3-31（b）所示。

按照从基准线→基础→直墙→撑墙的顺序将组合体的四个组成部分三面投影图一一画出，检查加深图线，最后标注尺寸，如图 3-32 所示。

三、组合体三面投影图的尺寸标注

投影图只能表达立体的空间形状，而要确定立体的大小，则需标注尺寸。

标注组合体尺寸应做到正确、完整、清晰、合理。

正确——要符合《道路工程制图标准》。

完整——所标注的尺寸必须能够完整、准确、唯一地表达立体的大小。

清晰——尺寸的标注要整齐、清晰，便于阅读。

合理——标注的尺寸要满足设计的要求，并满足施工、测量和检验的要求。

确定组合体各组成部分形体大小的尺寸称为定形尺寸，确定各组成部分相对位置的尺寸

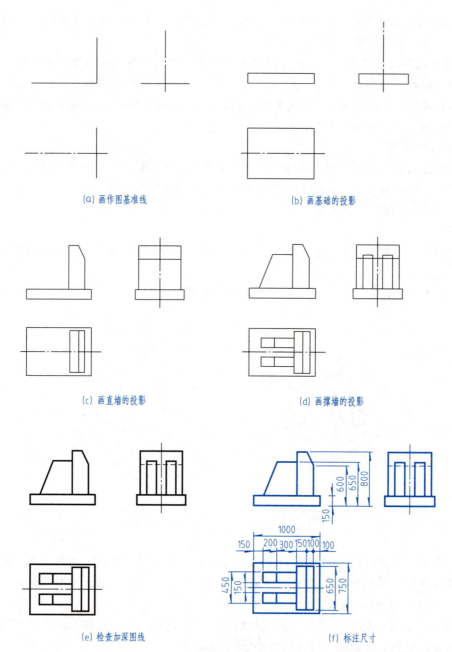

图 3-32 组合体三面投影图的作图步骤

称为定位尺寸,确定组合体外形的总长、总宽、总高的尺寸称为总体尺寸。

在标注尺寸时要注意形体分析。由于组合体是由一些基本体通过叠加、切割等方式形成的,因此,标注组合体尺寸应遵循:先标注各基本体的定形尺寸,后标注各基本体之间的定位尺寸,最后再标注组合体的总体尺寸的顺序。

标注尺寸的总体原则是"基准一致、不漏不重"。通常,作图基准线也就是尺寸标注基准线,尺寸基准一般选在组合体的底面、重要端面、对称面及回转体的轴线上。

尺寸尽量集中注在一两个主要投影上,尽可能避免注在虚线处。

尺寸最好注在图形之外,并布置在两个投影之间,如图 3-33、图 3-34 所示。

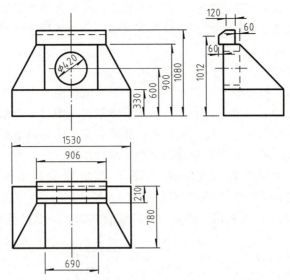

图 3-33 圆管涵洞出口投影图的尺寸标注

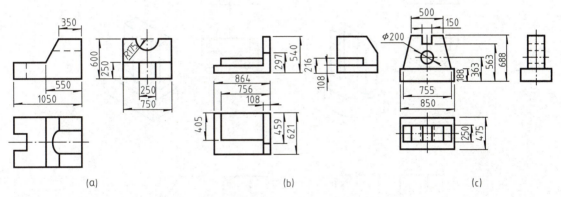

图 3-34 几种组合体三面投影图的尺寸标注

四、组合体三面投影图的识读

读图是根据形体的正投影图,通过对图样的分析判断,想象出形体的空间形状的过程。这一过程是与画图相反的过程,也是培养和发展空间想象能力、抽象思维能力的过程。能大量熟读组合体的三面投影图,是今后阅读专业图样的重要基本功。

读图的方法一般有:形体分析法和线面分析法。阅读组合体三面投影图时,一般以形体分析法为主。

识读组合体三面投影图大致经过以下三个过程。

(1) 粗读 就是根据组合体的三投影图,以主投影图为核心,联系其他投影图,运用形体分析法辨认组合体是由哪几个主要部分组成的,初步想象组合体的大致轮廓。

(2) 精读 在形体分析的基础上,确认构成组合体的各个基本形体的形状,以及各基本形体间的组合形式和它们之间邻接表面的相对位置。在这一过程中,要运用线面分析法弄清楚投影图上每一根线条、每一个由线条所围成的封闭线框的意义。

(3) 总结归纳 在上述分析判断的基础上,综合地想象出组合体的形状,并将其投影恢复到原图上对比检查，以验证给定的投影图与所想象的组合体的投影图是否相符。当两者不一致时，必须按照给定的投影图来修正想象的组合体，直至各投影图与所想象出的组合体的投影图相符为止。

在识读组合体三面投影图时，应注意以下几点：

(1) 熟悉投影特征　熟悉各种位置的直线、平面（或曲面）以及基本体的投影特征。

(2) 组合体形状的确定　组合体的形状通常不能根据一个投影图来确定，至少要根据两个或两个以上的投影图才能确定。读图时先找出反映各基本体底面形状的投影图，然后必须把几个投影图联系起来思考，才能准确地确定整个组合体的空间形体。如图 3-35 中（a）和（b）所示，虽然它们的 V 面投影相同，但它们的 H 面和 W 面投影不相同，因此两个组合体的空间形状截然不同；又如图 3-35 中（c）和（d）所示，虽然它们的 V 面和 H 面投影完全相同，但它们的 W 面投影不相同，因此，两个组合体的空间形状也不相同。

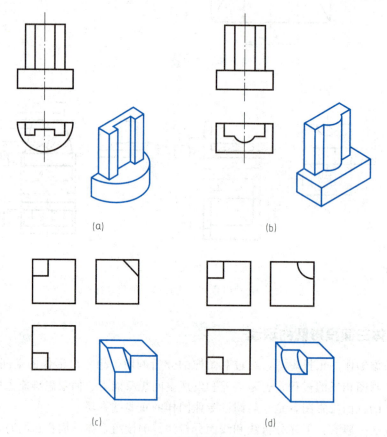

图 3-35　组合体投影图的识读

(3) 注意投影图中线条和线框的意义

① 投影图中的一线条，除表示一条线的投影外，也可以表示一个有积聚性的面，或表示两个面的交线，还可以表示曲面的最外轮廓素线；

② 投影图中的一个线框除了表示一个面的投影外，还可以表示一个基本体在某一投影面上的积聚投影，如图 3-36 所示的 U 形桥台。

图 3-36 中，由于桥台基础在空间是一 U 形棱柱体，其三面投影图中 V 面投影为并列矩形，侧棱线互相平行，均为铅垂线，而 H 面投影反映两多边形底面实形，两底面重影，形

成一个几何线框,并且这个几何线框也是桥台基础各侧面在 H 面的积聚投影。

1. 形体分析法

形体分析法读图,就是先以特征比较明显的投影图为主,根据投影图间的投影关系,把组合体分解成一些基本体的形状,再按照它们之间的相对位置,综合想象组合体的形状。此读图方法最适用于叠加形组合体,因叠加形的组合体上各组成部分容易分解,相对位置也容易找准。

【例 3-8】 识读图 3-36 所示 U 形桥台的投影图。

解 形体分析法读图的步骤如图 3-37 所示。

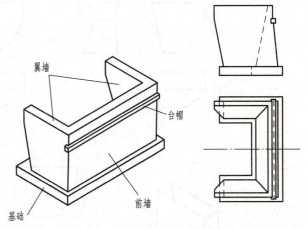

图 3-36 U 形桥台及其投影图

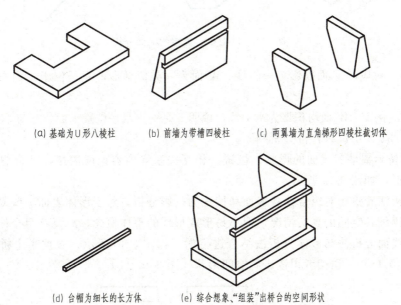

图 3-37 形体分析法读组合体三投影图的步骤

2. 线面分析法

一般组合体可用形体分析法读图,但一些由基本体截切或相贯而成的组合体无法分解成几个基本体,不适合用形体分析法读图,需要逐个分析形体表面上的线与面,进而构想出整个形体的空间形状,这种读图方法叫线面分析法。

如图 3-38 所示,根据 U 形桥台翼墙的三面投影图,识读其空间形状。

分析:U 形桥台翼墙 H 投影图中的线框明显清楚,首先将其分成六个线框进行识读。

① 与线框 7 对应的 V、W 投影图为水平线,因此它是一水平面,处于最高位置;

② 与线框 2 对应的 V 面投影图为五边形,而 W 面为一垂直线,因此它是一正平面,且上连水平面 7、下接水平面 5;

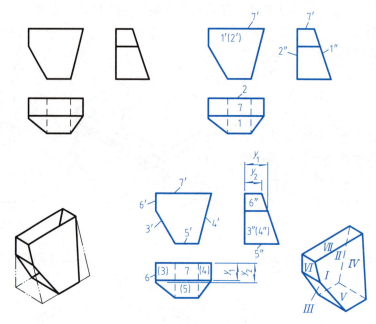

图 3-38 U 形桥台翼墙的线面分析

③ 线框 4 对应的 V 面投影为一斜线，W 面为一类似梯形，它是位于 1 面右侧且左低右高的正垂面；

④ 线框 5 的 V、W 面均积聚为水平线，说明 5 是一个水平位置平面，它与 3、4 面相连。

线框 1、3、6 请读者自行分析判断。

将 U 形桥台翼墙各表面的形状、位置、相互关系等内容识读清楚，综合想象出翼墙的整体空间外形，如图 3-39 所示。

线面分析法着重于对组合体各表面和棱线的投影分析，对于形体表面一些复杂难读的线面可以读透读细其空间的真实情况，但不易形成形体的整体概念，故复杂组合体投影图的识读往往是将线面分析法与形体分析法结合进行的。如图 3-40 所示，根据半个桥台的三面投影图 [图 3-40（a）]，请读者识读出其空间形状 [图 3-40（b）]。

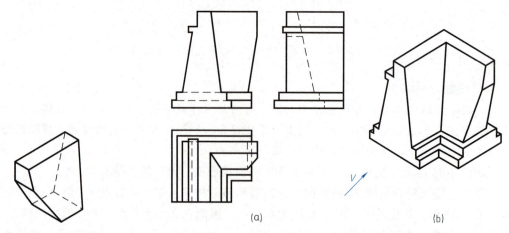

图 3-39 U 形桥台翼墙的立体直观图

图 3-40 半个桥台三面投影图的识读

单元六 轴测投影

三面正投影图虽然能比较完整、准确地表达物体的形状和大小,并且作图简便、度量性好,但是其每一个投影只能反映两向尺度,缺乏立体感,读图时需三个投影结合起来看,才能想象出立体的空间形状。为了便于识读出形体的空间形状,工程图样中还常用一种富有立体感的投影图作为辅助参考图样,这种较直观的图形称为轴测投影图,简称轴测图。

一、轴测投影的基本知识

1. 轴测图的形成

如图 3-41 (a) 所示,正投影图仅能反映形体正面的形状和大小,图样缺乏立体感。如果改变形体对投影面的位置 [图 3-41 (b)],或者改变投影方向 [图 3-41 (c)],即将形体连同确定形体长、宽、高方向的空间坐标轴一起沿 S 方向,用平行投影的方法向 P 面进行投影所画出来的图样叫轴测图。轴测图采用的是单面投影图,能在一个投影中同时反映出立体的长、宽、高三个方向的形状,它比较接近于人们的视觉习惯,因而立体感较强。

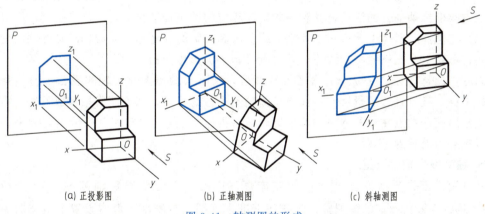

(a) 正投影图　　　　(b) 正轴测图　　　　(c) 斜轴测图

图 3-41　轴测图的形成

2. 轴测投影的几个概念

(1) 轴测投影面　轴测投影的投影面,如图 3-41 中所示的投影平面 P。

(2) 轴测投影轴　简称轴测轴。空间坐标轴 Ox、Oy、Oz 在轴测投影平面 P 上的投影 O_1x_1、O_1y_1、O_1z_1 称为轴测轴。

(3) 轴间角　轴测轴之间的夹角称为轴间角。

(4) 轴向变化系数　也称为轴向伸缩系数、轴向缩短系数、轴向变化率等,是指平行于空间坐标轴的线段,其轴测投影长度与实际长度之比。

$$x \text{ 轴的轴向变化系数 } p = \frac{O_1x_1}{Ox}$$

$$y \text{ 轴的轴向变化系数 } q = \frac{O_1y_1}{Oy}$$

$$z \text{ 轴的轴向变化系数 } r = \frac{O_1z_1}{Oz}$$

3. 轴测投影的种类

轴测投影分为以下两类：

① 正轴测投影是将形体斜放，使其形体上互相垂直的三根棱均与 P 面倾斜，然后沿垂直于 P 面的 S 方向进行投影，如图 3-41（b）所示；

② 斜轴测投影是将形体正放，选取形体上的正立面（V 面）与 P 面平行，然后沿倾斜于 P 面的 S 方向进行投影，如图 3-41（c）所示。

根据形体与投影面的相对位置不同、轴向变化系数的不同，轴测投影图有很多种分类，工程上常用的是正等测图、斜等测图、斜二测图三种。

① 若采用正轴测投影，三个轴向变化系数都相等且为 1，即 $p=q=r=1$，称正等测图；

② 若采用斜轴测投影，三个轴向变化系数都相等且为 1，即 $p=q=r=1$，称斜等测图；

③ 若采用斜轴测投影，两个轴向变化系数相等，即 $p=r=1$，$q=\dfrac{1}{2}$，称斜二测图。

4. 轴测图的特点

由于轴测投影采用的是平行投影法，所以它具有平行投影的基本性质。其主要特点如下：

（1）平行性（轴测投影最主要的特性） 空间形体上互相平行的线段，其轴测投影仍平行；与空间坐标轴平行的线段，其轴测投影与相应的轴测轴平行。

（2）定比性 形体上平行于坐标轴的线段，其投影的变化率与相应轴测轴的轴向变化系数相同，形体上成比例的平行线段，其轴测投影中仍成相同的比例。

因此，凡是与 Ox、Oy、Oz 轴平行的线段，绘制其轴测图时，轴测投影不但与相应的轴测轴平行，且可直接度量尺寸；而与坐标轴不平行的线段，则不能直接量取长度，需要用坐标法定出其两端点在轴测体系中的位置，然后再连成线段。"轴测"一词由此而来，轴测图可以理解为沿轴测量画出的图。

5. 轴测投影轴的设置

用轴测投影的图示方法画形体的立体直观图时，首先要确定轴测轴 O_1x_1、O_1y_1、O_1z_1，然后再根据确定的轴测轴作为作图基准来画图。轴测轴一般常设置在形体的主要棱线、对称中心线或轴线处，也可以设置在形体之外。

二、正等测图

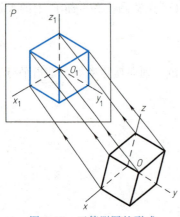

图 3-42　正等测图的形成

1. 轴间角及轴向变化系数

形体的三个坐标轴与轴测投影面倾角相同时，获得的投影图称正等测图，也称等轴测图，如图 3-42 所示。

正等测图的三个轴间角相等，都是 120°；三个轴向变化系数相等，约为 0.82，通常采用简化系数，即 $p=q=r=1$，这样，用简化系数画出的图样比形体实际尺寸显得放大了；O_1x_1、O_1y_1 轴和水平方向都成 30°，O_1z_1 轴是竖直线，可以用 30°三角板结合丁字尺绘制，如图 3-43 所示。

2. 平面基本体正等测图的画法

平面体的轴测图基本画法是根据平面体各角点的坐标

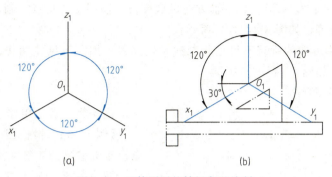

图 3-43 正等测图的轴间角及绘制

或尺寸,沿轴测轴逐点画出,然后依次连接,判断可见性(轴测图中的不可见轮廓线——虚线一般不画),即可得到其轴测图。

(1)棱柱的正等测图

柱状物通常采用平移法绘制。

【例 3-9】 根据图 3-44(a)三面投影图,画出直角梯形四棱柱的正等测图。

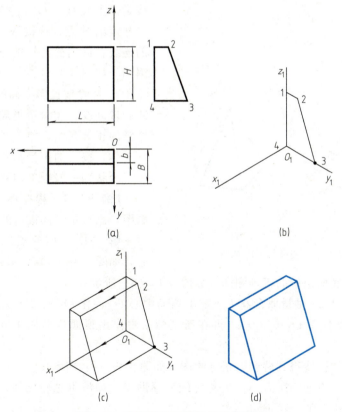

图 3-44 直角梯形四棱柱的正等测图

解 ① 先在直角梯形四棱柱的三面投影图上确定坐标轴的位置(关键是确定原点的 O 位置),取其右后下角点为坐标原点,如图 3-44(a)所示;

② 根据直角梯形 W 面投影为主投影,且直角梯形上下底边平行于 $O_1 y_1$ 轴,它的高平行于 $O_1 z_1$ 轴,画出四棱柱体平行于 W 面的右端面的正等测图 1234,如图 3-44(b)所示;

③ 由角点 1、2、3、4 沿 O_1x_1 轴方向量取棱长,连接四个角点,画出左端面的正等测图,应与右端面全等,如图 3-44（c）所示；

④ 擦除按投影方向的所有不可见轮廓线及辅助线,加深可见轮廓线,即成直角梯形四棱柱的正等测图,如图 3-44（d）所示。

（2）棱锥的正等测图

锥状物一般采用移心法绘制。

【例 3-10】 根据图 3-45（a）正投影,画出正五棱锥的正等测图。

解 ① 先在正五棱锥的正投影图上确定坐标轴,取其底面中心点为坐标原点,如图 3-45（a）所示；

② 根据正五边形底面的五个角点 1、2、3、4、5 各自的坐标或尺寸画出底面的正等测图,如图 3-45（b）所示；

③ 根据锥顶 S 点与底面中心 O 点连线是铅垂线且与 O_1z_1 轴重合,量取锥高尺寸定出 S 点,连接 S 点与底面五个角点的连线,得到五棱锥的五根侧棱线的正等测图,如图 3-45（c）所示；

④ 擦除按投影方向的所有不可见轮廓线和辅助线,加深可见轮廓线,即成正五棱锥的正等测图,如图 3-45（d）所示。

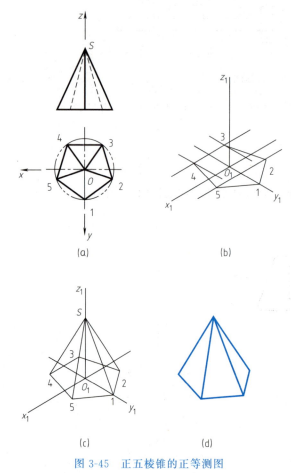

图 3-45 正五棱锥的正等测图

（3）棱台的正等测图

台状物一般也采用移心法绘制。

【例 3-11】 根据图 3-46（a）三面投影图,画出矩形四棱台的正等测图。

解 ① 坐标原点选在台体下底面中心,如图 3-46（a）所示；

② 画棱台下底面矩形的正等测图,如图 3-46（b）所示；

③ 自 O_1 沿 O_1z_1 轴量取台高 h,定出顶面中心 O_2,作 $O_2x_2 // O_1x_1$,$O_2y_2 // O_1y_1$,得到移心后的新坐标系 $O_2x_2y_2z_1$,再在新坐标系中作出顶面矩形的正等测图,如图 3-46（b）所示；

④ 连接四条侧棱线得到棱台的正等测图,如图 3-46（c）所示；

⑤ 擦除按投影方向的所有不可见轮廓线和辅助线,加深可见轮廓线,即成矩形四棱台的正等测图,如图 3-46（d）所示。

3. 曲面基本体正等测图的画法

与投影面平行的圆或圆弧,由于轴测投影面倾斜于三个坐标面,因此,正平圆、水平圆、侧平圆在正等测图中投影形状成为椭圆或椭圆弧。三个坐标面上的椭圆画法相同。工程上常用辅助菱法（四心近似画法）画正等测图中的椭圆。以水平圆为例,其作图步骤如图 3-47 所示。

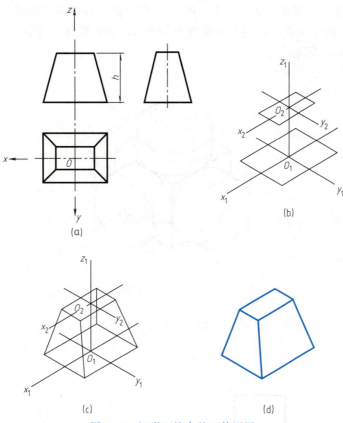

图 3-46 矩形四棱台的正等测图

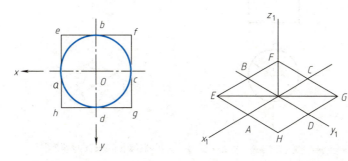

(a) 取圆的外切正方形 efgh,与圆切于 abcd 四点　　(b) 作外切正方形的正等测图(菱形)

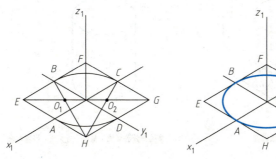

(c) 连接 HB、HC 交菱形长对角线于 O_1、O_2 点,以 H、F 为圆心、HB 为半径画大弧 $\widehat{BC}$、$\widehat{AD}$　　(d) 以 O_1、O_2 为圆心、O_1A 为半径画小弧 $\widehat{AB}$、$\widehat{CD}$,则四段圆弧构成近似椭圆

图 3-47 辅助菱法作水平圆的正等测图

图 3-48 所示为圆底面平行于 H、V、W 三个投影面的圆的正等测图。椭圆的长轴在菱形的长对角线上，而短轴在菱形的短对角线上。注意，如果形体上的圆不平行于坐标面，则不能用辅助菱法作正等测图。

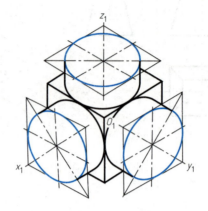

图 3-48　平行于三个坐标面的圆的正等测图

【例 3-12】　画出圆柱的正等测图，见图 3-49。

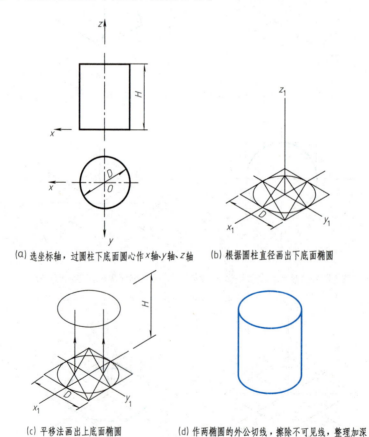

(a) 选坐标轴，过圆柱下底面圆心作 x 轴、y 轴、z 轴　　(b) 根据圆柱直径画出下底面椭圆

(c) 平移法画出上底面椭圆　　(d) 作两椭圆的外公切线，擦除不可见线，整理加深

图 3-49　平移法画圆柱的正等测图

【例 3-13】　画出圆台的正等测图，见图 3-50。

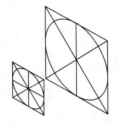
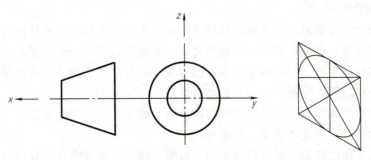

(a) 选坐标轴，过圆台右底面圆心作 x 轴、y 轴、z 轴　　(b) 根据圆台右底面直径画出其椭圆

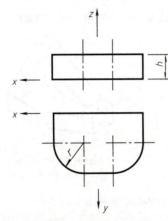
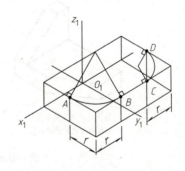

(c) 根据台高用移心法画出左底面椭圆　　(d) 作两椭圆的外公切线，擦除不可见线，整理加深

图 3-50　移心法画圆台的正等测图

【例 3-14】　画出带 90°圆角底板的正等测图，见图 3-51。

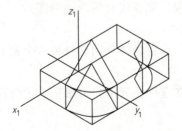
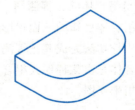

(a) 选坐标轴，过底板后下棱线中点作 x 轴、y 轴、z 轴　　(b) 作长方体底板的正等测图，在底板上方定出切点 A、B、C、D，画出圆弧

(c) 根据柱高用平移法画出下底面圆弧　　(d) 作小圆弧的外公切线，擦除不可见线，整理加深

图 3-51　带 90°圆角底板的正等测图画法

4. 组合体正等测图的画法

画组合体的轴测图，需根据组合体的形状特点、组合形式，选择合适的作图方法。一般有叠加法和挖切法。因此，在画组合体正等测图之前，先应通过形体分析，了解组合体各组成部分的相对位置和组合方式，然后根据其相互位置关系，按照从大到小、从总体轮廓到局部细节的顺序，逐个作出其正等测图，最后处理好交线整理加深即可。

（1）叠加法　当组合体是由若干基本体叠加而成时，作图方法适用叠加法。

【例 3-15】　画出组合体的正等测图，见图 3-52。

解　分析：由组合体已知的三面投影图可知，该组合体由三个基本体叠加而成，所以适用叠加法完成其正等测图。

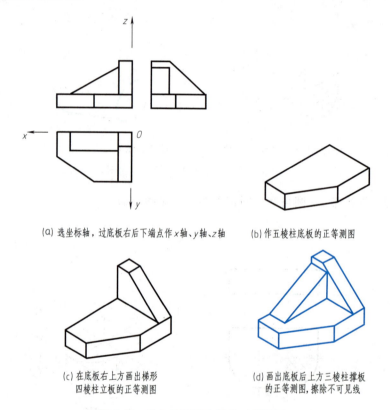

(a) 选坐标轴，过底板右后下端点作 x 轴、y 轴、z 轴　　(b) 作五棱柱底板的正等测图

(c) 在底板右上方画出梯形四棱柱立板的正等测图　　(d) 画出底板后上方三棱柱撑板的正等测图，擦除不可见线

图 3-52　叠加法画组合体的正等测图

（2）挖切法　当组合体是由基本体切割而成时，先画出成型前基本体的轴测图，然后按其截平面的位置，逐个切去多余部分，处理好交线，完成组合体的轴测图。

【例 3-16】　画出组合体的正等测图，见图 3-53。

解　分析：由组合体已知的三面投影图可知，该组合体是四棱柱由八个截平面经三次切割而形成，所以适用挖切法完成其正等测图。

有时，一个组合体是由几种形式组合而成。在这种情况下，可根据上述两种画组合体轴测图的方法综合运用来作图。

三、斜轴测图

不改变形体对投影面的位置，而使投影方向倾斜于投影面进行投影，用这种方法画出的

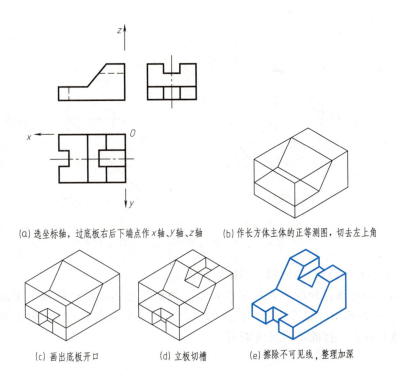

图 3-53 挖切法画组合体的正等测图

轴测图称为斜轴测图,工程图中主要用斜等测图和斜二测图。

斜轴测图能反映正面实形,作图简便,直观性强。当形体上的某一个面形状复杂或曲线较多时,用该方法作图比正等测更佳。

1. 斜等测图

将形体的形状复杂面放置成与 xOz 坐标面平行,见图 3-54(a),然后用斜投影的方法,按照图 3-54(b)所示的轴间角及轴向变化系数作图。斜等测的两个坐标轴 O_1x_1、O_1z_1 互相垂直,O_1y_1 轴与 O_1z_1 轴夹角为 135°或 225°,轴向变化系数 $p=q=r=1$。

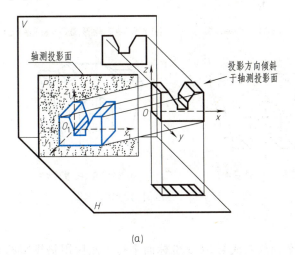

(a)

图 3-54

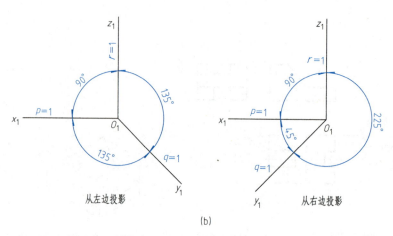

图 3-54 斜等测图的形成及轴间角、轴向变化系数

【例 3-17】 画出隧道洞门的斜等测图，见图 3-55。

解 分析：由形体已知的三面投影图可知，该形体总体是呈棱柱状，正面形状最为复杂，可先在 xOz 面画出（即抄绘出）正面形状，然后每个角点沿 O_1y_1 轴平移一个棱柱的棱长尺寸，连接各点，擦除不可见线即可。

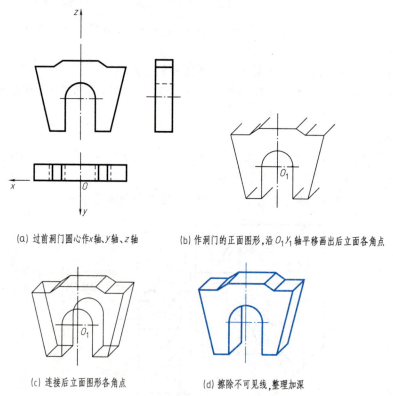

图 3-55 隧道洞门的斜等测图

2. 斜二测图

将形体的形状复杂面放置成与 xOz 坐标面平行，然后用斜投影的方法，按照图 3-56 所示的轴间角及轴向变化系数作图。斜二测图的两个坐标轴 O_1x_1、O_1z_1 互相垂直，O_1y_1 轴

与 O_1z_1 轴夹角为 135°或 225°，轴向变化系数 $p=r=1$，$q=0.5$。

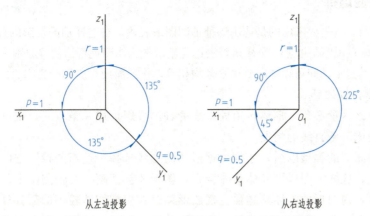

从左边投影　　　　　　　　　　从右边投影

图 3-56　斜二测图的轴间角、轴向变化系数

【例 3-18】　画出涵洞管节的斜二测图，见图 3-57。

解　分析：由形体已知的投影图可知，该形体总体呈柱状，正面形状最为复杂，可先在 xOz 面画出（即抄绘出）正面形状，然后每个角点及圆心沿 O_1y_1 轴平移半个棱长尺寸，连接各点，擦除不可见线即可。

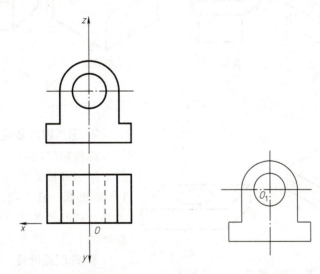

(a) 选坐标轴,过涵洞管节前下棱线中点作x轴、y轴、z轴　　(b) 作涵洞管节的正面图形

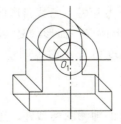　　　　

(c) 沿O_1y_1轴平移半个棱长,画出后立面图形各角点及圆形,连接后立面图形各角点　　(d) 擦除不可见线,整理加深

图 3-57　涵洞管节的斜二测图

四、轴测图的选择

绘制轴测图时，首先要考虑的是选用哪种轴测图来表达。在选择轴测投影的种类时，可根据画出的轴测图立体直观感是否强、图样是否表达完整清晰、作图是否简便等原则来进行选择。

正等测图中的三个轴间角和轴向变化系数均相等，作图简便，应用较为广泛。

1. 图样要富有立体感

在作图时应该尽量避免：形体转角处交线的轴测投影形成一条直线，或形体的某一表面的轴测投影积聚成一条直线的情况。

在确定了轴测图的类型以后，还须根据形体的形状选择一适当的投影方向，使需要表达的部分最为明显，这样，图样的立体感才会强，图形才会清晰。在轴测图中，物体的内、外表面可见的越多，则图形的立体感越强。摆放形体时，应把物体较小的部分放在轴测图的前面或上面，而对于有孔、洞、槽的物体，应把尺寸大的孔放在轴测图的上面或前面，这样的轴测图可见的内、外线条多，立体感强。

如图 3-58 所示，为形体的正等测图与斜二测图直观效果的比较。

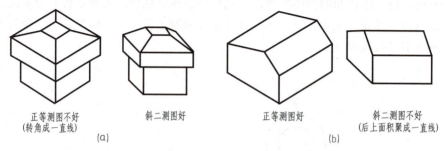

图 3-58　正等测图与斜二测图直观效果的比较

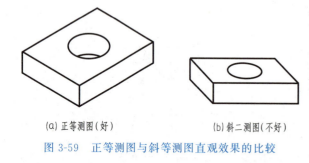

2. 图样表达要完整清晰

选择轴测图时，还应注意使所画出的图样尽可能充分显示形体的主要部分（外形轮廓、孔、洞、槽等）的形状和大小，被遮挡的部分较少，并且不影响整体的表达，如图 3-59 所示。

图 3-59　正等测图与斜等测图直观效果的比较

3. 作图要简便

作图方法简便与否，直接影响到绘图的速度和质量。

正等测图接近于视觉效果，且作图简便，较为常用，尤其当形体三个坐标面上均有圆形（轴测图中为椭圆形）时，宜采用正等测图。若形体仅一面形状复杂时，采用斜轴测图较好，其中，当宽度值较大时宜采用斜二测图；当宽度值较小时，则适合采用斜等测图。如图 3-60 所示。

4. 投影方向要正确

影响轴测图表达效果的因素，除了选择合适的轴测图类型外，还应考虑选择有利的观察方向。以图 3-61 的正等测图为例，有四种投影方向可供选择，其中（a）图效果最好，因为尺寸较大的中部与尺寸较小的左边相对投影方向是大尺寸部分在小尺寸部分的视线后方，所以形体左边被遮挡线条最少，轴测图的表达效果最好。

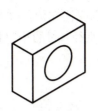 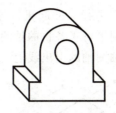

(a) 正等测图(效果不好)　　(b) 斜二测图(效果好)　　(c) 斜等测图(效果不好)　　(d) 斜等测图(效果好)

图 3-60　正等测图、斜等测图、斜二测图效果的比较

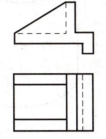 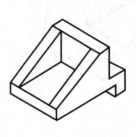

(a) 投影方向：左前上→右后下(最好)

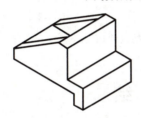 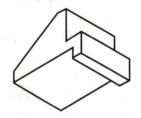

(b) 投影方向：右前上→左后下(较好)　　(c) 投影方向：右前下→左后上(不好)

图 3-61　正等测图三种投影方向的效果比较

试分析图 3-62 中台阶与柱帽的轴测投影是什么类型？投影方向选择的是什么方向？为什么？

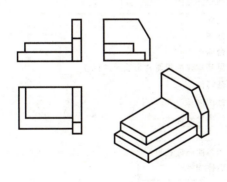 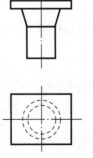 

(a) 台阶　　　　　　　　　　　　　(b) 柱帽

图 3-62　形体轴测投影方向的选择

五、轴测图的尺寸标注

　　形体的立体直观图一般是辅助参考图样，不必注尺寸。但是，需要标注轴测图的线性尺寸时应标注在各自所在的坐标平面内。尺寸线平行于被注轮廓线，尺寸界线平行于相应的轴测轴，尺寸数字的字头方向平行于尺寸界线，尺寸起止符号宜采用直径为 1～2mm 的实心

黑圆点；轴测图的圆直径、半径尺寸起止符号可以用单边箭头，也应注在圆所在的坐标面内，尺寸线、尺寸界线分别平行于各自的轴测轴，圆弧半径及小圆直径尺寸可引出标注，但尺寸数字应注写在平行于轴测轴的引出线上，如图 3-63 所示。

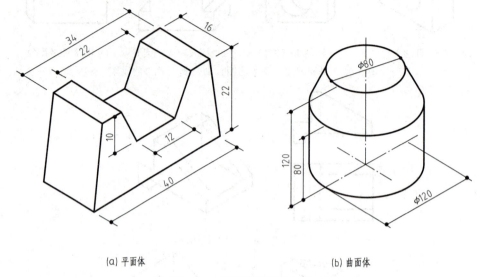

(a) 平面体　　　　　　　　　　(b) 曲面体

图 3-63　轴测图的尺寸标注

小　　结

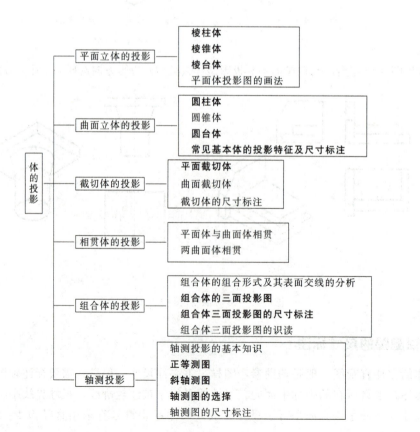

综合实训练习

根据形体的两面投影，绘制其斜二测图。

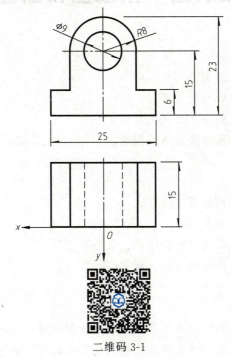

二维码 3-1

子模块四　剖面图和断面图

【知识目标】

- 了解常用工程材料断面图例
- 掌握剖面图、断面图的形成过程
- 掌握剖面图、断面图的分类及适用范围
- 理解绘制剖面图、断面图要注意的问题

【能力目标】

- 能正确熟练地绘制全剖面图及其标注
- 能正确绘制半剖面图及其标注
- 能正确绘制移出断面图及中断断面图、重合断面图
- 能绘制道路工程常见构件的剖图、断面图

【导语】

在前面学习了三面投影知识后可知，在形体的投影图中，可见的轮廓线用粗实线表示，不可见的轮廓线用中虚线表示。当工程构筑物内部构造比较复杂时，不可见的轮廓线就比较多，在投影图中就会出现较多的中虚线，影响图示效果，不利于了解其内部结构，也不便于标注尺寸，为了清楚地表达结构的内部形状，常采用剖面图或断面图来表达。本子模块主要介绍：剖面图的形成，剖面图的分类，各种剖面图的绘制方法及标注；断面图的形成，断面图的分类，各种断面图的绘制方法及应用。

单元一　▶ 剖面图的形成

工程构筑物内部结构比较复杂时，如图 4-1 所示的 U 形桥台，其内部结构比较复杂，绘出其两面投影图，如图 4-2 所示，在正立面上虚线较多，为了清楚地表达其内部形状，绘出桥台的正立面剖面图，如图 4-3（b）所示。由图可见，桥台内部中空部分一目了然。

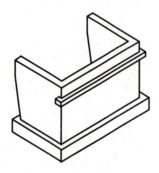

图 4-1　U 形桥台轴测图

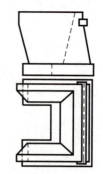

图 4-2　U 形桥台两面投影图

一、剖面图的概念

剖面图的概念即是剖面图的形成过程。

假想用剖切平面将形体在适当的位置剖切开,移走观察者和剖切平面之间的部分,对剩下的部分沿垂直于剖切平面的方向投影,绘出所有可见轮廓线,并将形体的切口处画出其工程材料图例,这样得到的图形叫做剖面图,简称剖面。

从图 4-3 可以看出,由于将形体假想剖开,使内部结构显露出来,在剖面图上,原来不可见的内部轮廓线变成了可见,剖切后被去掉的外轮廓线及不可见轮廓线不再画出。

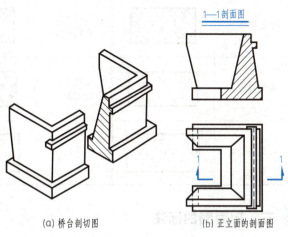

(a) 桥台剖切图　　(b) 正立面的剖面图

图 4-3　剖面图的形成

二、剖面图的绘制步骤及注意事项

(1) 选择合适的剖切位置　为了使剖面图能充分反映物体内部的实形,剖切面应和投影面平行,并且常使剖切面与物体的对称面重合或通过物体上的孔、洞、槽等隐蔽部分的中心,如图 4-3(a) 所示。

(2) 绘制投影图　移走观察者和剖切平面之间的部分,对剩下的部分进行正投影,绘图时要注意的是在剖面图中一般情况不再绘制虚线。通常情况下顺着投影方向,看到什么才画什么,看不到的线面一般不绘出。总之,所见即所绘。如图 4-3(b) 所示,省去了基础顶面的虚线。

(3) 绘制材料图例线　在剖面图中,需在切口处画出工程材料图例。常用的工程材料图例见表 4-1。图例中的斜线多为 45°细实线。图例线应间隔均匀,角度准确。

(4) 检查有无错漏之处　绘制剖面图时,一定要画出剖切平面后方的可见部分。形体剖开后,剖切平面后方的可见轮廓线应画全,不得遗漏。图 4-4 为圆形沉井,图 4-4(b) 中的正面阶梯孔遗漏台阶图线,且平面图不完整。

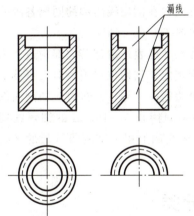

(a) 正确　　(b) 错误

图 4-4　圆形沉井

表 4-1　常用工程材料图例

材料名称	图　　例	材料名称	图　　例	材料名称	图　　例
自然土壤		浆砌片石		水泥稳定土	
夯实土壤		干砌片石		水泥稳定砂砾	
天然砂砾		石灰土		水泥稳定碎砂砾	

续表

材料名称	图例	材料名称	图例	材料名称	图例
钢筋混凝土		细粒式沥青混凝土		橡胶	
水泥混凝土		粗粒式沥青混凝土		木材横断面	
石灰粉煤灰		金属		木材纵断面	

三、剖面图的标注

（1）剖切位置线　在作剖面图时，一般使剖切平面平行于基本投影面，从而使切口反映实形。剖切平面为投影面平行面，与之垂直的投影面上的投影则积聚为一条直线，这条直线就是剖切位置，称为剖切位置线，简称剖切线。在投影图中剖切线不应与其他图线相抵触，而用断开的一对短粗实线表示，长度为 6~10mm，如图 4-3（b）所示。

（2）剖视方向线　为表明剖切后形体剩余部分的投影方向，在剖切线两端的同侧各画一段带单边箭头、表明投影方向的短粗线，长度 4~6mm，如图 4-3（b）所示。

（3）剖切面编号　对于结构复杂的构件，可能要剖切几次才能表达清楚其内部构造。为了将各个剖面图区分清楚，对每一次剖切要进行编号。国标规定，剖切位置用一对大写英文字母或者阿拉伯数字连续地编号，书写在表示投影方向的单边箭头一侧，并在对应的剖面图的上方居中写上有对应剖切面编号的图名。其字母或数字中间用长 5~10mm 的细短线间隔，例如"×—×剖面图"；同时，在剖面图图名字样的底部绘制上粗下细两条等长的平行短线，两线净间距为 1~2mm。如图 4-3（b）所示。

单元二 ▶ 剖面图的分类

一、全剖面图

1. 概念

假想用一个剖切面把形体完全剖开得到的剖面图称全剖面图，简称全剖图。如图 4-5 所示。

2. 适用范围

全剖适用于外形比较简单，但是内部空心结构复杂的并且一般是不对称的形体。对于外形简单且在其他投影图中外形已表达清楚的物体，虽其投影图形对称也可画成全剖。

剖面图的配置与三面投影图相同，应符合"三等"投影规律，如图 4-5 所示。

3. 注意事项

① 因为剖切过程是假想的，当某投影表达为剖面图时，其他投影仍应按完整的形体绘

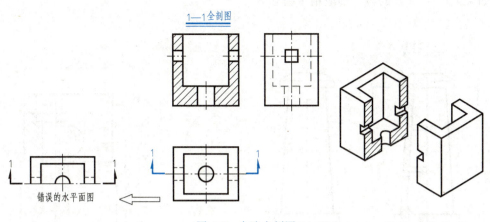

图 4-5 水池全剖图

制,不可将其他投影绘制成剖切后的形状,如图 4-5 所示的水平面的错误画法。

② 在全剖图中,凡是已经表达清楚的结构,虚线应省略不画。假如画出少量的虚线能够完整地表达出形体图线且能减少投影图的数量,可以画出部分必要的虚线。但一般很少用。

二、半剖面图

1. 概念

当形体的内外结构都比较复杂,且内外结构都是左右对称或前后对称,用全剖图已经不能完整地表达其内外结构时,可以以对称线为界,一半画成剖面图,另一半画外形轮廓线,这种画法称半剖面图,简称半剖图。如图 4-6 所示空心桥墩的 V、H 两个投影图,均采用了半剖。

2. 适用范围

内外部结构都需要表达清楚的对称构件。

3. 注意事项

① 半剖图中,半剖面和半外形轮廓图之间的分界线要采用细点画线,剖面部分一般画在垂直对称线的右侧或水平对称线的下方。

② 由于物体的内部结构已经在半剖面中表达清楚,在另一半外形图上就不再画出虚线。

③ 半剖面图中剖切符号的标注方法与全剖面图相同。

4. 半剖图的尺寸标注

如图 4-7 所示,剖面图中标注尺寸除应遵守前面各子模块述及的方法和规则外,还应注意以下几点:

(1) 尺寸集中标注　形体的内、外尺寸,应尽量集中标注,如图 4-7 中的高度尺寸。

(2) 注写尺寸数字处的图例线应断开　如需在画有图例线处注写尺寸数字时,应将图例线断开,如图 4-7 中右侧的尺寸 20。

(3) 对称结构的全长尺寸注法　在半剖面图中,有些部分只能画出全图形的一半,尺寸的另一端尺寸界线无法画出,此时,可用"二分之一全长"的形式注出,如 360/2 等。

(4) 作半剖面时,仍标注整圆直径尺寸　由于作半剖面使整圆成为半圆,仍按直径标注，如 φ240，尺寸线的另一端应稍过圆心。

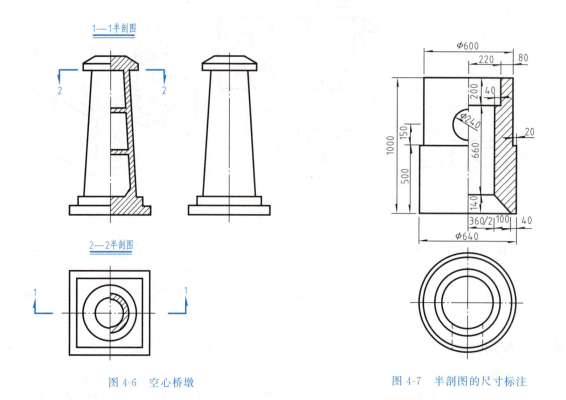

图 4-6　空心桥墩　　　　　　　　图 4-7　半剖图的尺寸标注

三、局部剖面图

1. 概念

如果需要表达构件某一部分的内部结构，或者是在不影响外形表达的情况下，局部剖开形体来表达内部结构形状所得到的剖面图，称为局部剖面图，简称局部剖。如图 4-8 所示用局部剖面图表示瓦筒排水沟管的内部构造。在专业图中也常用来表示多层结构的材料和构造，按结构层次逐层用波浪线分开，这种局部剖面图又称为分层剖面图。图 4-9 是表示路面各结构层的局部剖面图。

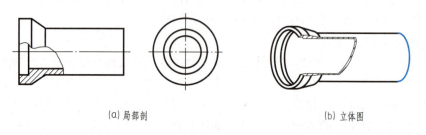

(a) 局部剖　　　　　　　　　(b) 立体图

图 4-8　瓦筒排水沟管

2. 适用范围

① 外形复杂、内形简单，而且需要保留大部分外形、只需要表达局部内形的形体。

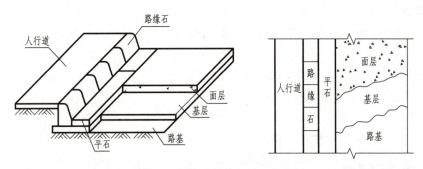

图 4-9 城市道路路面各结构层的局部剖面图

② 形体轮廓与对称轴线重合，不宜采用半剖面或全剖面的形体，可以采用局部剖面图，如图 4-10 所示。

3. 注意事项

① 局部剖切的位置与范围用细波浪线来表示。细波浪线不能与其他图线重合，且要画在形体的实体部分。

② 局部剖切比较灵活，但不应过于零碎。

③ 局部剖面图只是形体的整个外形投影中的一小部分，不需标注。

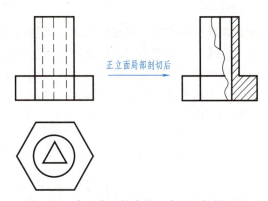

图 4-10 中心线和轮廓线重合的局部剖面图

四、阶梯剖面图

1. 概念

当形体内部结构复杂，采用一个剖切面不能把形体内部结构全部表达清楚时，可以假想用两个或两个以上互相平行的剖切面来剖切，所得到的剖面图称为阶梯剖面图，简称阶梯剖。如图 4-11 所示。

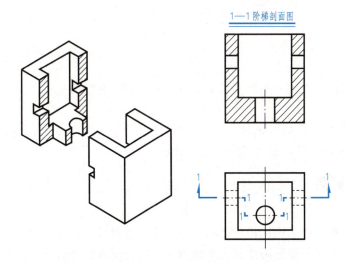

图 4-11 水箱的阶梯剖面图

2. 适用范围

当构件需要表达的内部结构不在同一个剖切面且互相平行时可以用阶梯剖。

3. 注意事项

① 剖切位置线的转折处不能与图上的轮廓线重合或相交。

② 因为几个剖切平面都是假想的，不要画出两个剖切平面转折处交线的投影。

③ 画阶梯剖时，必须标注剖切符号，如图 4-11 中的 1—1 阶梯剖面图，在转折处如与其他图线混淆，应在转角处标注转角符号"┐"。一般情况用两三个平行的剖切面为宜。

五、*旋转剖面图

1. 概念

形体两部分相交时，假想用两相交的剖切平面（两个剖切面垂直于同一个投影面）剖切形体后，将成一定角度的剖面围绕两剖切平面的交线旋转到同一平面进行投影，这样既反映实形又方便画图，这种方法得到的剖面图就叫做旋转剖面图。如图 4-12 所示，用一个水平面和一个正垂面从摇杆的轴线剖开，再将正垂面部分旋转到与 H 面平行的位置后投影而得到其旋转剖面图。

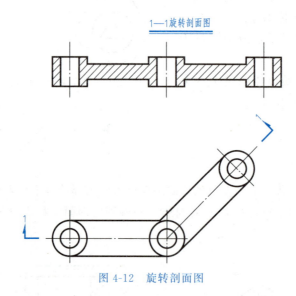

图 4-12　旋转剖面图

2. 适用范围

需要表达的结构不在同一平面上且不平行，但具有旋转轴的形体。

3. 注意事项

① 因为剖切和旋转都是假想的，所以其他的投影图应画出其实际的位置。

② 在画旋转剖面图时，应当"先剖切后旋转"。

六、*展开剖面图

1. 概念

由于在道路工程上有些构筑物是沿不规则的曲线或曲线与直线的组合线形分布构成，为了绘制其剖面图，剖切平面是用曲面或平面与曲面组合而成的垂直面，假想沿构筑物的中心线剖切，再将剖切后的构筑物展开，使之与投影平面平行，这样投影后所得到的剖面图称为展开剖面图。

2. 适用范围

适用于道路工程上的道路线路纵断面及带有曲线结构的工程形体。如图 4-13 所示正面为弯梁的展开剖面图，是以梁的中心线展开绘制的。

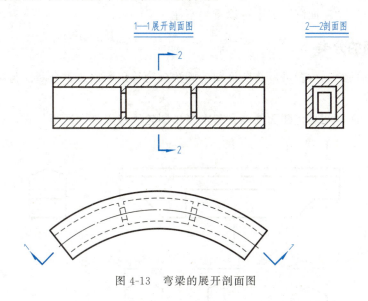

图 4-13　弯梁的展开剖面图

单元三　断　面　图

一、断面图的概念

对于某些构件，只需要表达其部分形状，不必画出剖面图时，可采用断面图来表示。

断面图（也叫截面图或截面），就是假想用一个剖切平面，将形体适当的部分切断，仅画出切口部分的形状，并在该部分上画出材料图例。

图 4-14（a）为预制钢筋混凝土 T 形梁的立体图，假想被剖切面截断后，将切口部分投影到与剖切面平行的投影面上，所得到的图形如图 4-14（c）所示，称 1—1 断面图。

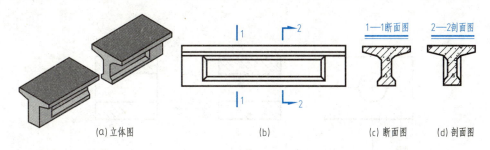

图 4-14　钢筋混凝土 T 形梁

二、断面图的标注

如图 4-14（b）所示断面 1—1，其断面图的标注有以下几点：

① 断面图只需标注剖切位置线（长 6～10mm 的粗实线）。

② 用编号注写时相对于剖切线的位置来表示投影方向，如图 4-14（b）中的断面 1—1，"1"注写在剖切线的右边，说明是从左向右投影得到的断面图。

③ 还要在对应的断面图中上方注写出"×—×断面图"字样，如图 4-14（c）所示。为了简化图纸，有时"断面图"二字可以省略不注。

三、断面图的分类

根据断面图的绘制位置可以将断面图的画法分为移出断面、重合断面与中断断面三种。

1. 移出断面

所谓移出断面，就是将断面图画在基本投影图轮廓线以外的适当位置，如图 4-15 所示。

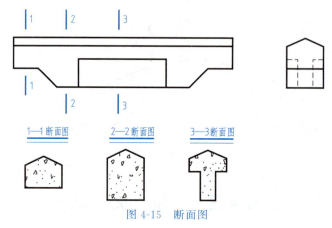

图 4-15　断面图

注意事项：

① 移出断面图的轮廓线要用粗实线绘制；

② 移出断面图一般可以绘制在如图 4-15 所示的位置，需依次整齐排列；当然复杂的工程图是允许依据具体情况来自定位置的；

③ 当构件有多个断面图时，各个断面图应按编号顺序依次排列整齐，如图 4-15 所示；

④ 剖切后，截面出现两个或两个以上孤立的切口时，断面图应按剖面图画出，如图 4-16 所示。

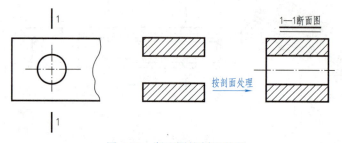

图 4-16　断面图按剖面处理

2. 重合断面

所谓重合断面，就是将断面图按投影关系画在基本投影图轮廓线之内，如图 4-17 所示。

注意事项：

① 重合断面图与基本投影图应比例一致；
② 重合断面图的轮廓线一般用细实线绘制，基本投影图的轮廓线线宽不变，仍为粗实线；
③ 重合断面图因投影关系简单，一般不需要标注，当需要表达投影方向时（尤其是断面不对称时），应注出剖切位置线，并注写编号以示投影方向，如图 4-18 所示；

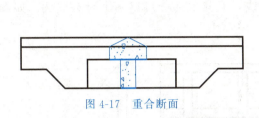

图 4-17 重合断面

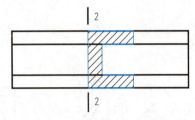

图 4-18 加标注的重合断面

④ 断面图轮廓线与投影图轮廓线重合时，投影图的轮廓线需要完整地画出，不可间断，可以把断面图看成是半透明体，如图 4-17 所示。

3. 中断断面

所谓中断断面，就是将长构件的基本投影图的中部断开，把断面图绘制在断开间隔处，如图 4-19 所示。中断断面图因投影关系简单明了，也不需要标注，比例与基本投影图一致。

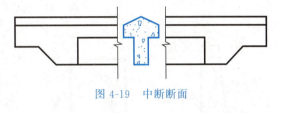

图 4-19 中断断面

四、剖面图、断面图的区别

1. 剖切符号的区别

断面图的投影方向，由编号的注写位置决定；剖面图的投影方向是用剖视方向线来表示。

2. 绘制图样内容的区别

如图 4-14 钢筋混凝土 T 形梁所示，断面图 1—1 与剖面图 2—2 比较，断面图仅画出了切口的形状，而剖面图还要绘出切口之后可见部分的轮廓线。

因此，在选用时要根据具体的需要来定。当需要表达构件的形状及其内部构造时，可选用剖面图；当只需要表达构件的横截面形状的变化时，可选用断面图。

单元四 ▶ 识读剖面图、断面图的注意事项与方法

在绘制剖面图、断面图时，为了使图形表达更为清晰明了，除了严格遵守投影规律外，还应遵守国标对剖面图、断面图表达的一些规定。识读剖面图、断面图的注意事项与方法具体如下。

① 较大面积的断面图图例可以简化。如图 4-20 所示道路的横断面图，由于面积较大，可只在其断面轮廓线的边沿画材料图例线。

② 薄板、圆柱等构件（如梁的横隔板、桩、柱、轴等），凡剖切平面通过对称中心线或

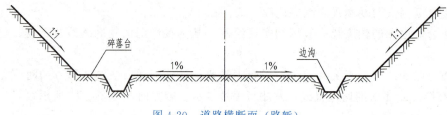

图 4-20　道路横断面（路堑）

轴线时，尺寸较大的薄板、圆柱等均不画剖面线，但其他部分可以画上材料图例。如图 4-21 所示。

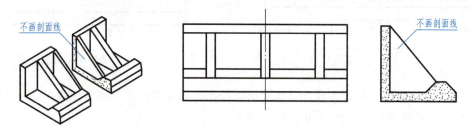

图 4-21　薄板作不剖切处理

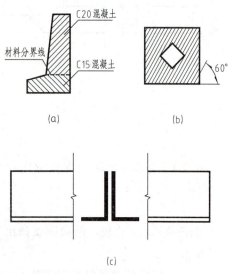

图 4-22　剖面线的其他画法

③ 在工程中为了表示构筑物不同的工程材料，同一断面上应当用粗虚线画出材料分界线，并注明材料符号或文字说明，如图 4-22（a）所示挡土墙断面。对于两个或两个以上相邻构件的剖面，为了表示区别，剖面线应画成不同倾斜方向或不同的间隔。

④ 当剖面图中有部分轮廓线与该图的基本轴线成 45°倾角时，可将剖面线画成与基本轴线成 30°或 60°的倾角线，如图 4-22（b）所示。

⑤ 在保证图形表达清楚的情况下，对于图样上实际宽度小于 2mm 的狭小面积的剖面，允许用涂色的办法来替代剖面线，也允许将全部面积涂黑，但涂黑的断面之间必需留出空隙，如图 4-22（c）所示。

⑥ 对称图形可采用绘制一半或 1/4 图形的方法表示，除总体布置图外，在图形的图名前，应标注"1/2"或"1/4"字样，也可以以对称中心线为界，一半画外形构造图，另一半画剖面图、断面图；也可以分别画两个不同的 1/2 断面图。在对称中心线的两端，可标注对称符号。对称符号由两组两条间距 1~2mm、长约 10mm 的细实线组成，如图 4-23 所示。

⑦ 在道路制图标准中，有画近不画远的习惯。对于剖面图的被剖切断面以外

图 4-23　对称图形的表达

的可见部分，可以根据需要决定取舍，这种图仍称为剖面图，如图 4-24 所示。按理论其 A—A 剖面应画成图 4-24（b）的形式，但专业图通常用图 4-24（c）的形式来表示，不把端隔板画出来。

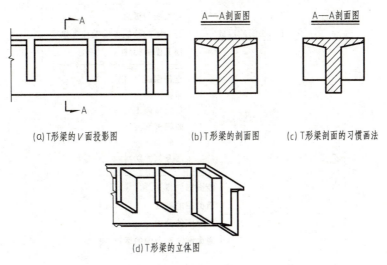

图 4-24　剖、断面图画近不画远的习惯画法

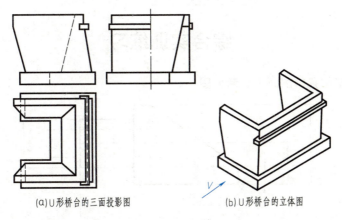

图 4-25　U 形桥台

⑧ 当虚线表示被遮挡的复杂结构图时，应只绘制主要结构或离视图较近的不可见图线，如图 4-25 所示，U 形桥台的侧面图由沿桥台的前、后两个方向投影所得到的台前、台后两个图合并而成，为表示主要结构，避免重叠不清，虚线未画出。

⑨ 当土体或锥坡遮挡视线时，可将土体看成透明的，使被遮挡部分成为可见，以实线表示。如图 4-26 所示，地面线以下的部分桩段按可见画出。

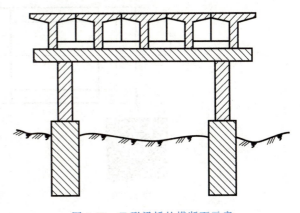

图 4-26　T 形梁桥的横断面示意

小　　结

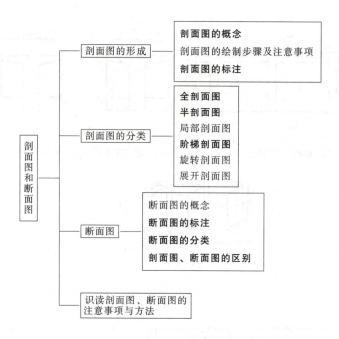

综合实训练习

绘制涵洞指定位置的剖面图、断面图。

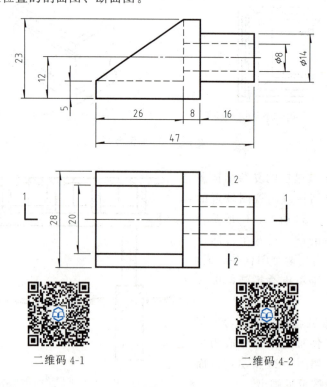

二维码 4-1　　　　　　　　二维码 4-2

子模块五 标高投影

【知识目标】

- 了解标高投影的概念
- 了解直线、平面的标高投影与其实形的联系
- 了解常见地形地貌的地形图的表示法
- 掌握点、直线与平面的标高投影的方法
- 掌握直线、平面与地形面交线标高投影的求法
- 掌握道路工程构筑物标高投影的作法,以及它与地形面的截交线的求法

【能力目标】

- 能正确熟练绘制点、直线、平面以及道路工程构筑物的标高投影
- 能正确作出直线、平面、曲面与曲面(地形面)的交线标高投影
- 能正确绘制道路工程构筑物与地形面的交线的标高投影

【导语】

道路工程与地形有着紧密的联系,在设计和施工过程中,常常需要绘制反映地形地貌的地形图,以便解决相关的工程问题。由于地面的形状往往比较复杂,长度方向尺寸和高度方向尺寸相差很大,如果仍用前面学习的三面正投影法表示,作图困难,且不易表达清楚。因此,在工程实践中常采用画水平投影并标注高度表示形体形状的标高投影法来表示地形图。

本子模块主要介绍:直线和平面的标高投影,各种曲面的标高投影,线与面、面与面相交时交点和交线的求法,标高投影在道路工程实际中的应用。

所谓标高投影法,指在物体的水平投影上加注某些特征面、线及控制点的高程数值和绘图比例来表示空间物体形状的方法。

标高投影是以水平投影面 H 为投影面,称为基准面。

标高就是空间点到基准面 H 的距离。一般规定:H 面的标高为零,H 面上方的点标高为正值;下方的点标高为负值,标高的单位常用米(m)。

在实际工作中,地形图通常以我国青岛附近的黄海平均海平面作为基准面,所得的高程称为绝对高程,以其他平面作为基准面则称为相对高程。

标高投影包括水平投影、高程数值、绘图比例三要素。

标高投影图是一种单面正投影图,即水平投影图,它必须标明比例或画出比例尺,否则就无法从单面正投影图中来准确地确定物体的空间形状、具体尺寸和位置。其长度单位,如果图中没有注明,则以"m"计。除了地形面以外,也常用标高投影法来表示其他一些复杂曲面。

单元一 ▶ 点和直线的标高投影

一、点的标高投影

将点向 H 面作正投影,然后在其右下角标出该点到 H 面的实际距离(即标高数字),即得到该点的标高投影。

如图 5-1 所示,图 5-1 (a) 表示 A、B、C 三点与水平面的空间位置,图 5-1 (b) 即为三点的标高投影。点 A 在 H 上方 5m,点 B 在 H 面下方 3m,点 C 在 H 面上,在 A、B、C 三点的水平投影 a、b、c 的右下角标明其高度数值 5、-3、0,就可得到 A、B、C 三点的标高投影图。高度数值 5、-3、0 称为高程或标高,其单位以"m"计,在图上一般不需注明。

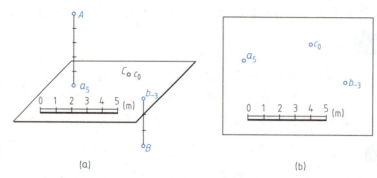

图 5-1 点的标高投影

为了表示几何元素间的距离或线段的长度,标高投影图中都要附以比例尺。在图 5-1 中,如果用所附的比例尺度量,即可知道 A、B、C 任意两点间的实际水平距离。

二、直线的标高投影

1. 直线的标高投影表示法

直线的标高投影的表示法有两种:

(1) 用直线的水平投影并标注直线两个端点的高程来表示 如图 5-2 所示,图 5-2 (a) 中倾斜直线 AB,水平线 CD 的标高投影,分别可表示成图 5-2 (b) 中的 a_3b_5 和 c_3d_3;

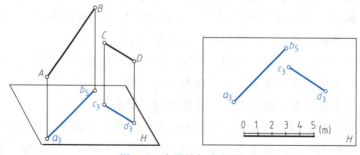

图 5-2 直线的标高投影

(2) 用直线上一点的标高投影加注直线的坡度和方向来表示 实心全箭头表示下坡方

向,i 为该直线的坡度,如图 5-3 所示。

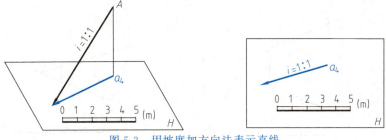

图 5-3 用坡度加方向法表示直线

2. 直线的坡度和平距

直线的坡度,是指直线上两点的高差与两点间水平距离之比,用符号 i 表示,即:

$$坡度(i)=\frac{高差(H)}{水平距离(L)}=\tan\alpha$$

由上式可知,当两点间水平距离为 1 个单位时,两点间的高差即为坡度。

如图 5-4 所示,直线 AB 的高 $H=3\mathrm{m}$,用比例尺量得其水平距离 $L=4.5\mathrm{m}$,则该直线的坡度 $i=\frac{H}{L}=\frac{3}{4.5}=\frac{1}{1.5}$,一般写作 $1:1.5$。

直线的平距,是指两点间的水平距离与它们的高差之比,用符号 l 表示,即

$$平距(l)=\frac{水平距离(L)}{高差(H)}=\cot\alpha=\frac{1}{i}$$

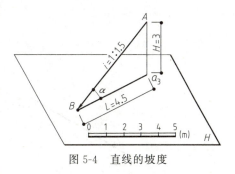

图 5-4 直线的坡度

由上式可知,当两点间的高差为 1 时,两点间的水平距离即为平距,平距和坡度互为倒数,即 $i=\frac{1}{l}$。坡度越大,平距越小;反之,坡度越小,平距越大。

【例 5-1】 求图 5-5 所示直线 AB 的坡度与平距,并求出直线上点 C 的高程。

解 $H_{AB}=36-26=10.0$(m),$L_{AB}=30\mathrm{m}$(用比例尺量得)

则:$i=\frac{H_{AB}}{L_{AB}}=\frac{10}{30}=\frac{1}{3}$;$l=\frac{1}{i}=3$

又量得 $L_{AC}=15.0\mathrm{m}$,因为直线上任意两点间坡度相同,即:

$$\frac{H_{AC}}{L_{AC}}=i=\frac{1}{3}$$

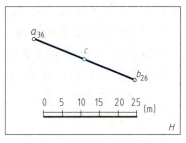

图 5-5 求 C 点标高

可得:$H_{AC}=L_{AC}\times i=15.0\times\frac{1}{3}=5.0$(m)

故 C 点的高程为 $36-5.0=31.0$(m)

3. 直线的实长和整数标高点

在标高投影中求直线的实长,可以采用正投影中的直角三角形法。如图 5-6 所示,图

5-6（b）中的斜边即为 AB 实长。

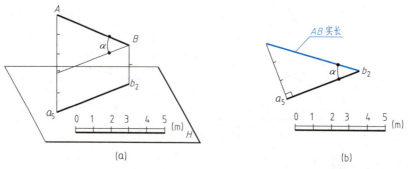

图 5-6　求线段 AB 的实长

在实际工作中，直线两端点常常是非整数标高点，而很多时候需要知道直线上各整数标高点的位置。解决这类问题，可利用定比分割原理作图。

如图 5-7 所示，欲求直线上各整数标高点，可按下列步骤利用定比分割原理作图。

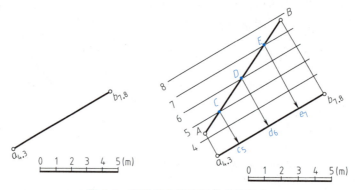

图 5-7　用定比分割原理求整数标高

① 假想在过直线 $a_{4.3}b_{7.8}$ 的铅垂面上，平行于 $a_{4.3}b_{7.8}$ 作互相平行且间距相等的五条等高线，令其标高为 8、7、6、5、4；

② 由直线标高投影的两端点 $a_{4.3}$、$b_{7.8}$ 作平行线组的两垂线，在两垂线上按标高 4.3 和 7.8 确定 A、B 两点的位置；

③ 连接 A、B 点，直线 AB 与平行线组的交点为 C、D、E；

④ 从各交点向标高投影 $a_{4.3}b_{7.8}$ 直线上作垂线，得到的垂足即为直线上的各整数标高点 c_5、d_6、e_7。

单元二　▶ 平面的标高投影

一、平面标高投影相关概念

1. 等高线

在标高投影中，预定高度的水平面与所表达表面（可以是平面、曲面或地形面）的截交线称为等高线，如图 5-8 所示。在工程实际应用中常取整数标高作为等高线，它们的高差一般取整数，如 1m、5m 等，并且把平面与基准面的交线，作为高程为零的等高线。图 5-8 (b) 为图 5-8 (a) 平面 P 上的等高线的标高投影。

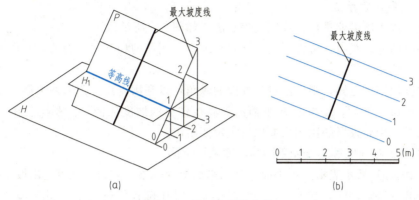

图 5-8　平面上的等高线

2. 平面的平距

从图 5-8 的标高投影图中可以看出，平面上的等高线是一组互相平行的直线，当相邻等高线的高差相等时，其水平间距也相等。图 5-8 (b) 中相邻等高线的高差为 1m，它们的水平距离就是平距。

如图 5-8 (a) 所示，平面的最大坡度线和平面上的水平线垂直，根据直线投影定理，它们的水平投影应互相垂直，如图 5-8 (b) 所示。最大坡度线的坡度就是该平面的坡度。由此可以得出，最大坡度线的平距亦为平面的平距，它反映了平面上高差为一个单位时，相邻等高线间的水平距离。

3. 平面的坡度比例尺

将最大坡度线的标高投影按整数标高点进行刻度和标注，并画成一粗一细的双线，称为平面的坡度比例尺，如图 5-9 所示，P 平面的坡度比例尺用字母 P_i 表示。

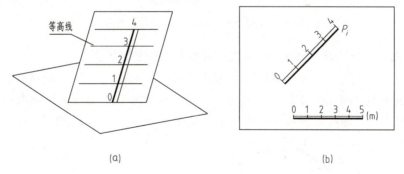

图 5-9　坡度比例尺

二、平面的表示法

在正投影中所介绍的用几何元素和迹线表示平面的方法在标高投影中仍然适用。在标高投影中，平面常采用以下几种方法表示。

1. 等高线表示法

等高线在前面已经介绍过，在实际应用中一般采用高差相等、标高为整数的一系列等高线来表示平面，并把基准面 H 上的等高线，作为标高为零的等高线，如图 5-8 所示，当高差相同时，等高线间距也相等。

2. 坡度比例尺表示法

这种表示法实质上就是最大坡度线表示法，如图 5-9 所示。

已知平面的等高线组，可以利用等高线与坡度比例尺的相互垂直的关系，作出平面上的坡度比例尺，反之亦然。

如果坡度比例尺已知，则平面对基准面的倾角可以利用直角三角形法求得。

如图 5-9（b）所示，是根据 P 平面的等高线作出的坡度比例尺。要注意在用坡度比例尺表示平面时，标高投影的比例尺或比例一定要给出。

3. 用平面上的一条等高线和平面的坡度表示平面

如图 5-10（a）所示表示一个平面。已知平面上的一条等高线，就可定出坡度线的方向，由于平面的坡度已知［图 5-10（b）］，该平面的方向和位置就确定了。图 5-10（c）是作平面上的等高线的方法，可利用坡度求得等高线的平距为 2，然后作已知等高线的垂线，在垂线上按图 5-10 中所给比例尺截取平距，再过各分点作已知等高线的平行线，即可作出平面上一系列等高线的标高投影。

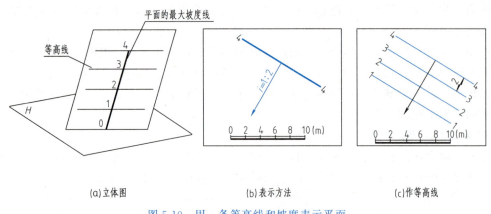

图 5-10 用一条等高线和坡度表示平面

4. 用平面上的一条非等高线和该平面的坡度及倾向表示平面

如图 5-11（a）所示，为一标高为 8m 的水平场地及一坡度为 1∶3 的斜坡引道，斜坡引道两侧的倾斜平面 ABC 和 DEF 的坡度均为 1∶2，这种倾斜平面可由平面内一条倾斜直线的标高投影加上该平面的坡度及倾向来表示，如图 5-11（b）所示。图中 a_5b_8 旁边的箭头

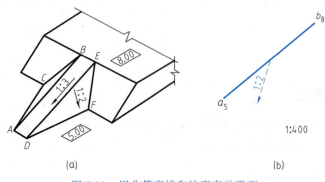

图 5-11 用非等高线和坡度表示平面

只是表明该平面向直线的某一侧倾斜，并非代表平面的坡度线方向，坡度线的准确方向需作出平面上的等高线后才能确定，所以用细虚线表示。

如图 5-12 所示，表示了图 5-11（a）平面上等高线的作法。

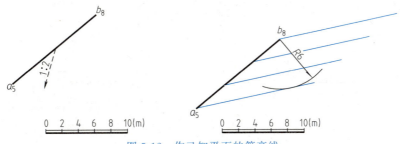

图 5-12　作已知平面的等高线

三、两平面的相对位置

1. 平行

如果两平面平行，那么它们的坡度比例尺、等高线相互平行，平距相等，且标高数字的增减方向也一致，如图 5-13（a）所示。

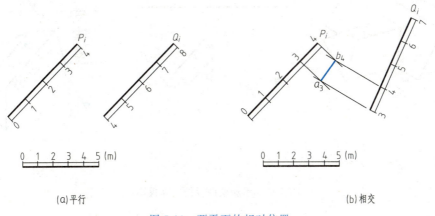

(a) 平行　　　　　　　　　　　　　　(b) 相交

图 5-13　两平面的相对位置

2. 相交

在标高投影中，两平面相交产生一条交线，可利用辅助平面法求两平面的交线。通常采用水平面作为辅助面，如图 5-13（b）所示，水平辅助面与 P、Q 两平面的交线是高度为 3 和 4 的两条等高线相交产生 a_3、b_4 交点，连接 a_3、b_4 两点，就得到了两平面的交线。

【例 5-2】　如图 5-14（a）所示，已知两平面，求它们的交线。

解　在两平面内作出相同高程的等高线 15m 和 10m（或其他相同高程），分别得到 a_{10}、b_{15} 两个交点，连接两点，则 $a_{10}b_{15}$ 即为两平面交线的标高投影，如图 5-14（b）所示。

四、求坡面交线、坡脚线或开挖线

在工程中，把构筑物相邻两坡面的交线称为坡面交线，坡面与地面的交线称为坡脚线（填方边坡）或开挖线（挖方边坡）。

在工程中，倾斜坡面可以用长短相间的细实线来表示，这种细实线即为示坡线，它与等

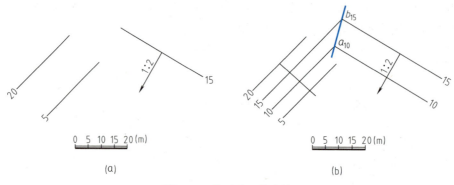

图 5-14 求两平面的交线

高线垂直，用来表示坡面，短线画在高的一侧。

【例 5-3】 已知主堤和支堤相交，顶面标高分别为 5m 和 4m，地面标高为 2.00，见图 5-15（a），各坡面坡度如图 5-15（b）所示，试作相交两堤的标高投影图。

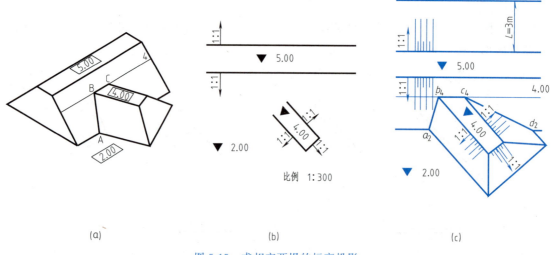

图 5-15 求相交两堤的标高投影

解 作图步骤如下 [图 5-15（c）]：

① 求坡脚线。以主堤为例，先求堤顶边缘到坡脚线的水平距离 $L=H/i=(5-2)/1=3$（m），再沿两侧坡面坡度线方向按比例量取，至 2.00 高程处作顶面边缘的平行线，即得主堤两侧坡面的坡脚线。用同样方法作出支堤的坡脚线。

② 求支堤顶面与主堤坡面的交线。支堤顶面标高为 4m，与主堤坡面交线就是主堤坡面上标高为 4m 的等高线中的 b_4c_4 一段。

③ 求主堤坡面与支堤坡面的交线。它们的坡脚线交于点 a_2、d_2，a_2、b_4，c_4、d_2，即得坡面交线 a_2b_4 和 c_4d_2。

④ 将结果检查加深，画出各坡面的示坡线。

【例 5-4】 如图 5-16（a）所示，一斜坡引道直通水平场地，设地面高程为 2m，水平场地顶面高程为 5m，各坡面坡度见图 5-16（b），试画出其坡脚线和坡面交线。

解 作图步骤 [图 5-16（c）] 如下：

① 求坡脚线。水平场地边缘与坡脚线水平距离 $L_1=1.2\times(5-2)$m$=3.6$m。斜坡引道

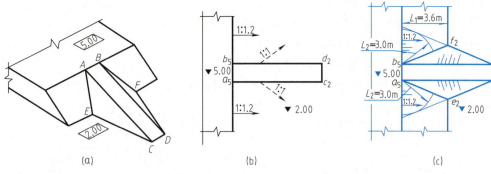

图 5-16 求引道与水平场地的标高投影

坡脚线求法与图 5-15（c）不同，分别以 a_5 和 b_5 为圆心，以 $L_2=1×(5-2)m=3m$ 为半径画弧，再自 c_2 和 d_2 分别作此两弧的切线，即为引道两侧的坡脚线。

② 求坡面交线。水平场地与斜坡引道的坡脚线分别交于 e_2 和 f_2，连 a_5e_2 和 b_5f_2，就是所求的坡面交线。

③ 将结果加深，画出各坡面的示坡线。

单元三 ▶ 曲面的标高投影

在实际工程中，曲面也是常见的。在标高投影中，是用一系列高差相等的水平面与曲面相截来表示曲面的。常见的曲面有圆锥面、同坡曲面和地形面等。

一、圆锥面的标高投影

正圆锥面的等高线都是同心圆，当高差相等时，等高线间的水平间距相等，如图 5-17（a）所示。当锥面正立时，越靠近圆心，等高线的标高数字越大；当锥面倒立时，则相反，如图 5-17（b）所示。

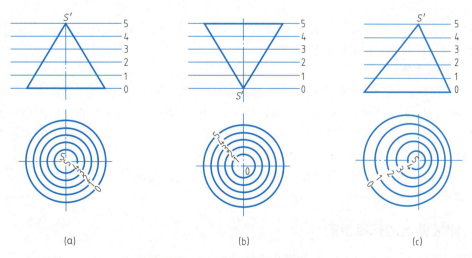

图 5-17 圆锥面的标高投影

非正圆锥面的标高投影如图 5-17（c）所示。

绘制圆锥标高投影时应注意以下几点：
① 圆锥一定要注明锥顶高程，否则无法区分圆锥与圆台；
② 在有标高数字的地方等高线必须断开；
③ 标高字头应朝向高处以区分正圆锥与倒圆锥。

在土石方工程中，常在两平坡面的转角处采用圆锥面过渡，如图 5-18 所示。

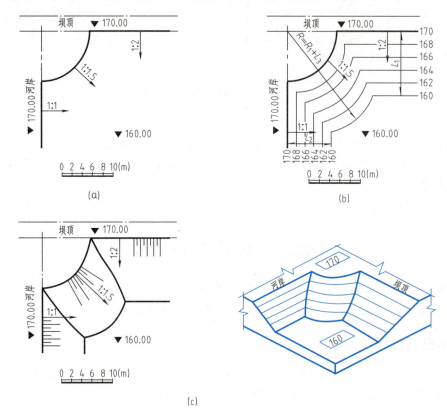

图 5-18 求河岸、堤坝、护坡标高示意图

【例 5-5】 在一河岸与堤坝的连接处，用锥体护坡，河底标高为 160.00m，如图 5-18 (a) 为已知条件，求它们的标高投影图。

解 作图步骤如下。

① 作坡脚线。堤坝、河岸、锥面护坡各坡面的水平距离分别为 $L_1=(170-160)\times 2m=20m$，$L_2=(170-160)\times 1m=10m$，$L_3=(170-160)\times 1.5m=15m$。根据各坡面的水平距离，即可作出坡脚线。应注意，圆弧面的坡脚线是圆锥台顶圆的同心圆，其半径为锥台顶圆半径（R_1）与其水平距离（L_3）之和，即 $R=R_1+L_3$，如图 5-18 (b) 所示。

② 作坡面交线。各坡面高程值相同的等高线的交点即坡面交线上的点，依次光滑连接各点，即得交线，如图 5-18 (c) 所示。

二、同坡曲面的标高投影

如图 5-19 (a) 所示，以一条空间曲线作导线，一个正圆锥的顶点沿此曲导线运动，当正圆锥轴线方向不变时，所有正圆锥的包络曲面就是同坡曲面。图 5-19 (b) 为道路上的一段路面倾斜的弯道。

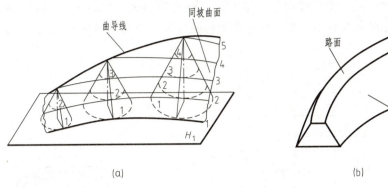

图 5-19 同坡曲面

同坡曲面有如下的特征:

① 运动的正圆锥在任何位置都与同坡曲面相切,切线即为曲面在该处的最大坡度线,且坡度与正圆锥的坡度相同;

② 两个相切的曲面与同一水平面的交线必然相切,也就是同坡曲面的等高线与运动正圆锥同标高的等高线相切。

【例 5-6】 如图 5-20(a)所示为一弯曲倾斜的支路与干道相连,干道顶面标高为 24.00m,地面标高为 20.00m,弯曲引道由地面逐渐升高与干道相连,画出坡脚线及坡面交线。

解 ① 计算出边坡平距,$l=1/1=1$ 单位。

② 在坡顶线上(同坡曲线的导线)定出曲导线上整数标高点 a_{21}、b_{22}、c_{23}、d_{24}。

③ 分别以整数标高点 a_{21}、b_{22}、c_{23}、d_{24} 为圆心,分别以 $R=1、2、3、4$ 为半径画同心圆弧,得出各个正圆锥的等高线。

④ 作正圆锥上相同标高等高线的公切曲线(包络线),即得曲面边坡的等高线。

⑤ 用前面介绍的平面标高投影中的方法作出支路与干道边坡的交线,如图 5-20(b)所示。

⑥ 将图线加深,并画上示坡线,完成作图,如图 5-20(c)所示。

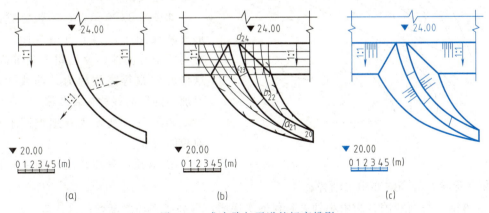

图 5-20 求支路与干道的标高投影

三、地形面的标高投影

地形面是一个不规则曲面,在标高投影中仍然是用一系列等高线表示。假想用一组高差相等的水平面切割地形面，截交线即是一组不同高程的等高线，如图5-21所示，画出等高线的水平投影，并标注其高程值，即为地形面的标高投影，通常也叫地形图。

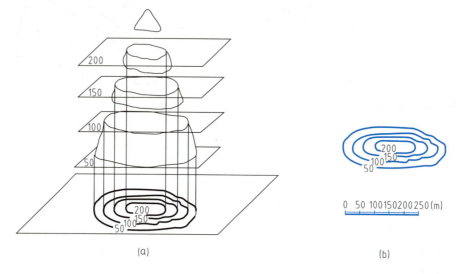

图 5-21　地形图表示法

地形图有下列特性：

① 其等高线一般是封闭的不规则的曲线；

② 等高线一般不相交（悬崖、峭壁除外）；

③ 同一地形内，等高线的疏密反映地势的陡缓——等高线愈密地势愈陡，等高线愈稀疏地势愈平缓；

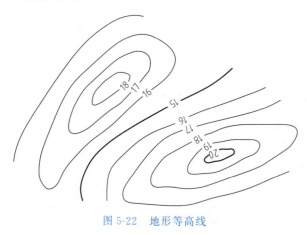

图 5-22　地形等高线

④ 等高线的标高数字，字头都是朝向地势高的方向；

⑤ 地形图的等高线能反映地形面的地势地貌情况。

如图5-22所示，在一张完整的地形等高线图中，为了方便看图，一般每隔四条等高线，要加粗一条等高线，这样的中粗等高线称为计曲线。其余不加粗的等高线称为首曲线。

如图5-23所示为在地形图上典型地貌的特征。

① 山丘：等高线闭合圈由小到大高程依次递减，等高线亦随之渐稀；

② 盆地：等高线闭合圈由小到大高程依次递增，等高线亦随之渐稀；

③ 山脊：等高线凸出方向指向低高程；

④ 山谷：等高线凸出方向指向高处；

⑤ 鞍部：相邻两峰之间，形状像马鞍的区域称为鞍部，在鞍部两侧的等高线形状接近对称。

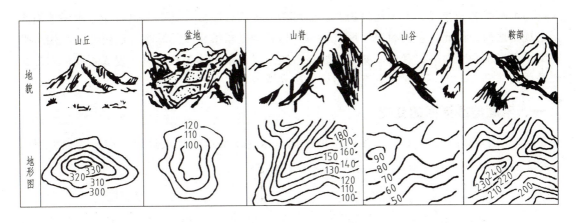

图 5-23　典型地貌在地形图上的特征

四、地形断面图

用铅垂面剖切地形面,在剖切平面与地形面的截交线上画上相应的材料图例,称为地形断面图。其作图方法如图 5-24 所示。具体步骤如下:

① 过 A—A 作铅垂面,它与地形面上各等高线的交点为 1、2、3、…,如图 5-24(a)所示。

② 以 A—A 剖切线的水平距离为横坐标,以高程为纵坐标,按等高距及比例尺画一组平行线,如图 5-24(b)所示。

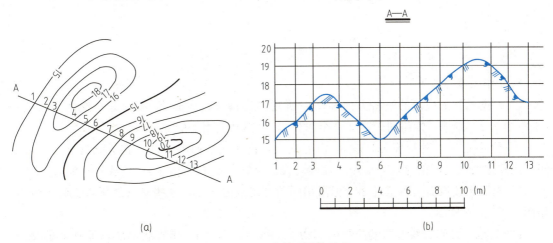

图 5-24　地形断面图的画法

③ 将图 5-24(a)中的 1、2、3、…,各点转移到图 5-24(b)中最下面一条直线上,并由各点作纵坐标的平行线,使其与相应的高程线相交得到一系列交点。

④ 光滑连接各交点,即得地形断面图,并根据地质情况画上相应的材料图例。

单元四　标高投影在土建工程中的应用

在土建工程中,经常要应用标高投影来求解工程构筑物坡面的交线以及坡面与地面的交线,即坡脚线和开挖线。由于构筑物的表面可能是平面或曲面,地形面也可能是水平地面或是不规则地面,因此,它们的交线形状也不一样,但是求解交线的基本方法仍然是采用水平辅助平面来求两个面的共有点。如果交线是直线,只需求出两个共有点并连成直线;如果交线是曲线,则应求出一系列共有点,然后依次光滑连接。

一、平面与地形面的交线

【例 5-7】 如图 5-25（a）所示,求坡平面（给定了等高线和坡度及倾向）与地形面的交线。

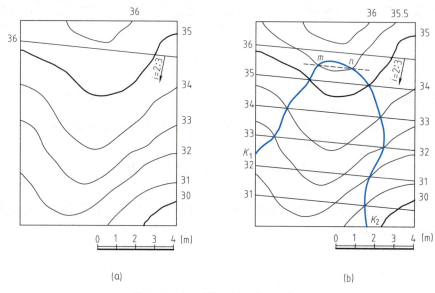

图 5-25 求坡平面与地形面的交线

解 作图步骤如下：

① 根据已知的坡面的倾斜方向和图中所附的比例尺,作标高 36 的等高线的平行线组（平距为 3/2,则平行线组间距为 3/2 个单位）,可得到坡面上的等高线。

② 平行线 36 与地形面等高线 36 没有交点,说明坡平面的最低点在等高线 35 至 36 之间,则在这两线之间的交点需要用内插等高线法求解。如图 5-25（b）所示 mn 虚线。

③ 光滑连接坡面上和地形面上标高相同的等高线的交点,这些交点是所求交线上的点。如图 5-25（b）所示。

【例 5-8】 已知管线的两端高程分别为 21.5m 和 23.5m,作管线 AB 与原地面的交点,如图 5-26（a）为已知条件。

解 指导方法：作出包含直线的铅垂剖切面与地形面的截交线,再求直线与截交线的交点,就是直线与地形面的交点。

作图步骤：

① 等高线的间隔取 20m~25m 5 个单位,则在坐标系里作间距为 5 个单位的平行线组,如图 5-26（b）所示;

② 将图 5-26（a）中直线 $a_{21.5}b_{23.5}$ 与地形面上各等高线的交点按它对应的高程和水平距离点对正到平行线组中,连接各点得到地面截交线;

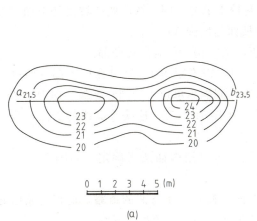
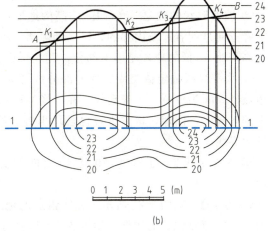

图 5-26　求管线与地面的交点

③ 将管线两端点的标高投影 $a_{21.5}$、$b_{23.5}$ 按其对应的水平距离点对正到平行线组中，连接 AB，则直线 AB 与地形面截交线的交点 K_1、K_2、K_3、K_4，即是 AB 直线与地面的交点；

④ 对照交点的高程，在图 5-26（b）中对正找出四点的位置，并将地面以下的部分画成虚线，则作图完成。

二、曲面与地形面的交线

求曲面与地形面的交线，即求曲面与地形面上一系列高程相同的等高线的交点，然后把所得的交点依次相连，即为曲面与地形面的交线。

【例 5-9】　如图 5-27（a）所示，要在山坡上修筑一带圆弧的水平广场，其高程为 32m，填方坡度 1：1.5，挖方坡度为 1：1，求填挖边坡与地形面的交线（即填挖边界）。

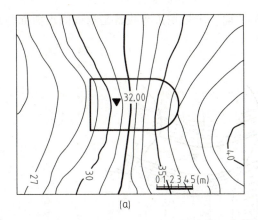
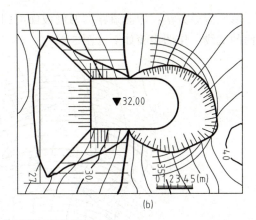

图 5-27　求水平广场的标高投影

解　指导方法：等高线 32 为此广场的填挖分界线；用对应等高线的水平面剖切坡面，得到与等高线的交点，然后把交点相连，即得到交线。

分析及作图步骤：

① 填挖分界线的确定。水平广场高程为 32m，则地面标高为 32.00 的等高线为填挖分

界线,32 等高线与广场边缘的交点即为填挖分界点。

② 坡面形状的确定。高程比 32 高的地形,是挖土部分,即广场两侧的坡面是平面,坡面下降方向是朝着广场内部的,广场圆弧边缘的坡面是倒圆锥面。

高程比 32 低的地方是填土部分,其坡平面下降的方向,朝着广场外部。

③ 作等高线确定截交线。挖方部分坡度为 1:1,得平距为 1,则可在挖土部分两侧平面边坡作间隔为单位 1 的等高线,在广场半圆边缘作间隔为单位 1 的同心圆弧,即为倒圆锥面上的等高线,同理,填方边坡也求作出等高线(平距为 1.5),连接等高线的交点,即为填挖边界线。

④ 在等高线 26 与 27 及 39 与 40 之间的交线,可以用内插法来确定,如图 5-27(b)所示。

【例 5-10】 如图 5-28 所示,在所给定的地形面上修筑一条弯曲的道路,道路的路面标高为 20m,道路两侧的边坡,填方为 1:1.5,挖方为 1:1,求填挖边界线。

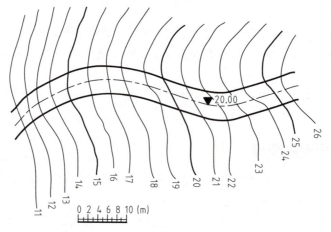

图 5-28 弯道的已知条件

解 指导方法:弯曲道路的两侧坡面为同坡曲面,求填挖边界线就是求该同坡曲面与地形面的交线。作图步骤如下(图 5-29):

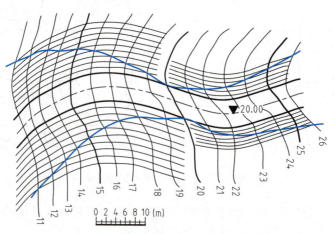

图 5-29 求弯道的填挖边界线

① 填、挖分界线是在地形面上与路面上高程相同的等高线 20。分界线右边部分为挖方;

左边部分为填方。

② 由题可知各坡面为同坡曲面，同坡曲面上的等高线为曲线。路缘曲线，就是同坡曲面上高程为 20m 的等高线。

③ 根据填、挖方的坡度算出同坡面的平距（左边平距为 1.5，右边平距为 1），作出等高线，如图 5-29 所示。因为路面是标高为 20.00 的水平面，所以边坡等高线与路缘曲线平行。

④ 连接坡面上各等高线与相同高程的地形等高线的交点，即得填挖边界线。

小　　结

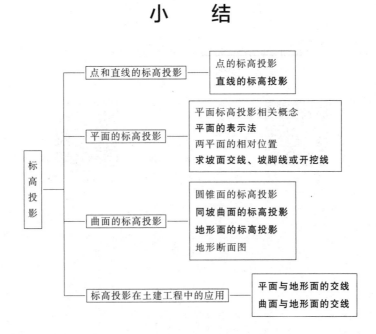

综合实训练习

1. 如图 5-30 所示，要在山坡上修筑一带圆弧的水平广场，其高程为 32m，填方坡度 1∶1，挖方坡度为 1∶1，求填挖边坡与地形面的交线（即填挖边界）。

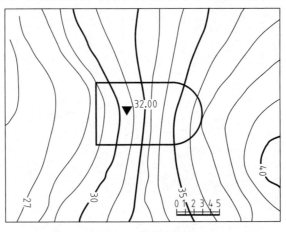

图 5-30　求填挖边界

2. 求图 5-31 相交两堤的标高投影。

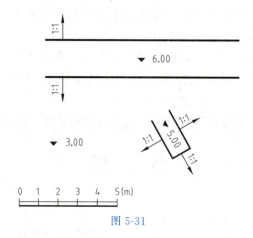

图 5-31

二维码 5-1

二维码 5-2

子模块六　钢筋混凝土结构图

【知识目标】

- 了解钢筋混凝土的基本知识
- 掌握道路桥梁工程构件钢筋混凝土结构图的制图标准
- 掌握绘制钢筋混凝土结构图的组成及识读方法

【能力目标】

- 能够了解钢筋混凝土的基本知识
- 能够掌握绘制钢筋混凝土结构图的方法
- 能够熟悉道路桥梁工程构件钢筋混凝土结构图的识读方法

【导语】

在道路桥梁设计中，除进行路桥设计、画出构筑物施工图外，结构设计人员还要根据工程设计要求及地质资料进行结构设计。目前，路桥构筑物应用较为广泛的就是钢筋混凝土结构。本子模块主要介绍钢筋混凝土基本知识；钢筋布置图的特点。

单元一　钢筋混凝土基本知识

混凝土由水泥、砂、石子和水按一定比例配合搅拌而成。把它灌入定型模板，经振捣密实和养护凝固后就形成坚硬如石的混凝土构件。混凝土的抗压强度较高，但抗拉强度较低，容易因受拉而断裂。为了提高混凝土构件的抗拉能力，常在混凝土构件的受拉区内配置一定数量的钢筋。由混凝土和钢筋两种材料构成整体的构件叫钢筋混凝土构件。其中，有工地现浇的，也有工厂预制的，分别叫做现浇钢筋混凝土构件和预制钢筋混凝土构件。此外，有的构件在制作时通过张拉钢筋对混凝土预加一定的压力，以提高构件的抗拉和抗裂性能，这种构件叫预应力钢筋混凝土构件。

一、钢筋的种类

钢筋种类很多，通常按轧制外形、直径大小、力学性能、生产工艺以及在结构中的受力状况来进行分类。

（1）按轧制外形分类

① 光面钢筋：Ⅰ级钢筋，均轧制为光面圆形截面，直径不大于 10mm，供应形式有盘圆；

② 带肋钢筋：有螺旋形、人字形和月牙形三种，一般Ⅱ、Ⅲ级钢筋轧制成人字形，Ⅳ级钢筋轧制成螺旋形及月牙形；

③ 钢线（分低碳钢丝和碳素钢丝两种）及钢绞线；

④ 冷轧扭钢筋：经冷轧并冷扭成型。

（2）按直径大小分类　钢丝（直径 3～5mm）、细钢筋（直径 6～10mm）、粗钢筋（直径大于 22mm）。

（3）按力学性能分　Ⅰ级钢筋、Ⅱ级钢筋、Ⅲ级钢筋和Ⅳ、Ⅴ级钢筋，见表 6-1。

表 6-1　钢筋种类和符号

钢筋种类	符号	钢筋种类	符号
Ⅰ级钢筋（即 3 号光圆钢筋）	Φ	冷拉Ⅰ级钢筋	Φ^l
Ⅱ级钢筋（如 16 锰人字纹筋）	Φ	冷拉Ⅱ级钢筋	Φ^l
Ⅲ级钢筋（如 25 锰硅人字纹筋）	Φ	冷拉Ⅲ级钢筋	Φ^l
Ⅳ级钢筋（圆或螺纹钢筋）	Φ	冷拉Ⅳ级钢筋	Φ^l
Ⅴ级钢筋（螺纹钢筋）	Φ^l	冷拔低碳钢丝	Φ^b

（4）按生产工艺分类　分为热轧、冷轧、冷拉的钢筋，还有以Ⅳ级钢筋经热处理而成的热处理钢筋，强度比前者更高。

（5）按在结构中的受力状况分类　可分为下列几种，如图 6-1 所示。

① 受力筋——是构件中主要受力钢筋。一般承受构件中的拉力叫受拉筋；在梁、柱构件中还需配置承受压应力的钢筋叫做受压筋。

② 箍筋——在构件中承受一部分斜拉应力的钢筋，并固定纵向受力筋的位置，多用于梁和柱内。

③ 架立筋——用以固定梁构件内受力筋、箍筋的位置，构成梁内的钢筋骨架。

④ 分布筋——用于板式结构中，与板的受力筋垂直布置，将承受的重量均匀地传给受力筋，并固定受力筋的位置以及抵抗热胀冷缩所引起的温度变形。

⑤ 构造筋——因构件构造要求或施工安装的需要而配置的钢筋。如腰筋、预埋锚固筋、预埋锚固环等。

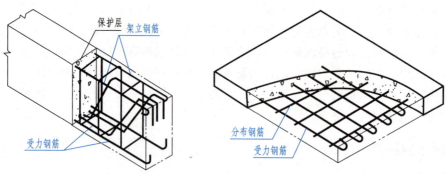

图 6-1　钢筋的类别

二、钢筋的弯钩

为了使钢筋和混凝土结成一个牢固的整体来共同承受外力的作用，使之不会因钢筋表面光滑而削弱钢筋和混凝土间的黏结能力而降低构件的承载力，通常把光圆钢筋的端部做成弯钩以增加钢筋在混凝土中的黏结能力。

钢筋弯钩有三种基本形式：半圆弯钩、斜弯钩和直弯钩。钢筋弯曲后，弯曲处内皮收缩、外皮延伸、轴线长度不变，弯曲处形成圆弧，弯后尺寸小于下料尺寸，应考虑弯曲调整值。钢筋弯曲直径为 $2.5d$，平直部分为 $3d$。钢筋弯钩增加长度的理论计算值，如图 6-2 所示，半圆弯钩为 $6.25d$，斜弯钩为 $4.9d$，直弯钩为 $3.5d$。

图 6-2　钢筋弯钩长度

依据《公路钢筋混凝土及预应力混凝土桥涵设计规范》（JTG 3362—2018）受拉钢筋端部弯钩应符合表 6-2 规定。

表 6-2　受拉钢筋端部弯钩

弯曲部位	弯曲角度	形　状	弯曲直径	平直段长度
端部弯曲	180°		$\geqslant 2.5d$	$\geqslant 3d$
	45°		$\geqslant 4d$ $\geqslant 5d$	$\geqslant 5d$
	90°		$\geqslant 4d$ $\geqslant 5d$	$\geqslant 10d$
中间弯曲	<90°		受拉区$\geqslant 20d$ 受压区$\geqslant 10d$	

三、钢筋的弯起

钢筋混凝土构件受力后的最大拉应力位置是变化的，越接近端部越靠上。为了让受力钢筋始终处于最大拉应力位置，需将混凝土结构构件的下部（或上部）纵向受拉钢筋，按规定的部位和角度弯至构件上部（或下部），弯成一定的形状并满足一定锚固要求。图 6-3 为钢筋的弯起。

根据《混凝土结构设计规范》，在采用绑扎骨架的钢筋混凝土梁中，当设置弯起钢筋时，弯起钢筋的弯终点外应留有锚固长度，其长度在受拉区不应小于 $20d$，在受压区不应小于 $10d$；对光面钢筋在末端应设置弯钩。位于梁底层两侧的钢筋不应弯起，如图 6-4 所示。

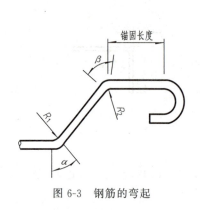

图 6-3 钢筋的弯起

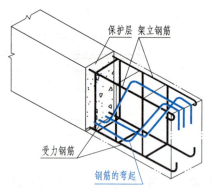

图 6-4 钢筋在构件中弯起

四、钢筋的保护层

为使钢筋不裸露于构件外，保护钢筋不被锈蚀，钢筋混凝土结构中用有一定厚度的混凝土作为钢筋的保护层。同时钢筋保护层还起防火及增加混凝土对钢筋的握裹力的作用。依据《公路钢筋混凝土及预应力混凝土桥涵设计规范》（JTG 3362—2018），普通钢筋和预应力直线形钢筋的最小混凝土保护层（钢筋外缘至混凝土表面的距离）不应小于钢筋公称直径，且应符合表 6-3 规定。

表 6-3　普通钢筋和预应力直线形钢筋的最小混凝土保护层厚度　　　　　　　　mm

序号	构件类型	环境条件		
		Ⅰ	Ⅱ	Ⅲ、Ⅳ
1	基础、桩基承台(1)基坑底面有垫层或侧面有模板(受力主筋) 　　　　　　(2)基坑底面无垫层或侧面无模板(受力主筋)	40 60	50 75	60 85
2	墩台身、挡土结构、涵洞、梁、板、拱圈、拱上建筑(受力主筋)	30	40	45
3	人行道构件、栏杆(受力主筋)	20	25	30
4	箍筋	20	25	30
5	缘石、中央分隔带、护栏等行车道构件	30	40	45
6	收缩、温度、分布、防裂等表层钢筋	15	20	25

注：对于环氧树脂涂层钢筋，可按环境类别Ⅰ取用。

当受拉区主筋的混凝土保护层厚度大于 50mm 时，应在保护层内设置直径不小于 6mm、间距不大于 100mm 的钢筋网。

单元二 ▶ 钢筋布置图的特点

钢筋布置图采用正投影原理绘制。根据钢筋混凝土结构的特点，在表示方法和标注说明等方面有其独特之处。

一、钢筋的图例

为了清楚表明构件中的钢筋配置情况，常假想混凝土是透明体，用细实线画出构件的外轮廓，用粗实单线表示钢筋（钢筋的横断面用黑圆点表示，重叠时用圆圈）。钢筋一律用简化图例表示，如表6-4所示。

表6-4 钢筋的常用图例

内 容	图 例	内 容	图 例
1. 端部无弯钩的钢筋		7. 带直弯钩的钢筋搭接	
2. 端部为半圆弯钩的钢筋		8. 无弯钩的钢筋搭接	
3. 端部为直弯钩的钢筋		9. 无弯钩的长短钢筋投影重叠时，可在短钢筋端部画45°短划线	
4. 端部带螺纹的钢筋		10. 图中所表示的箍筋、环筋，如布置复杂，应画钢筋大样或说明	
5. 在平面图中配置双层钢筋时，底层钢筋弯钩应向上或向左，顶层钢筋弯钩应向下或向右			
6. 带半圆弯钩的钢筋搭接			

二、钢筋的编号

钢筋混凝土结构构件内的各种钢筋应按照受力状况的顺序予以编号，便于识别。受力越多的钢筋其编号越在前。编号宜采用阿拉伯数字，写在直径为6mm的细实线圆圈中，如图6-5所示。当钢筋较多时，也可沿钢筋就近注写成"N"编号的形式，如"N6"就是指钢筋编号为6。

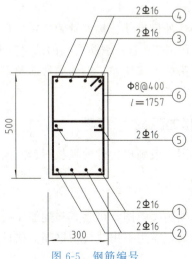

图6-5 钢筋编号

三、钢筋的标注

用于不同情况下的钢筋标注形式主要有下列三种。

（1）标注钢筋的根数和直径　如梁内的受力筋和梁内的架立筋，见图6-6（b）。

（2）标注钢筋的直径和间距　如梁内的箍筋和板内的各种钢筋，见图6-6（c）。

（3）标注钢筋的编号、根数、符号、直径、间距、长度　其中 N 为编号　n 为钢筋根数，L 为钢筋下料长度，d 为钢筋直径数值，@为等间距符号，S 为间距尺寸。n、d、L、@、S、Φ中有时可以缺项，见图6-6（a）。

例如，图6-5中，2Φ16③表示：③号架立筋为2根直径为16mm的二级光圆钢筋；又如 $\frac{\Phi 8 @ 400}{L=1757}$ ⑥表示：⑥号箍筋是直径为8mm的一级光圆钢筋，每隔400mm放置一根，每根下料长度为1757mm。

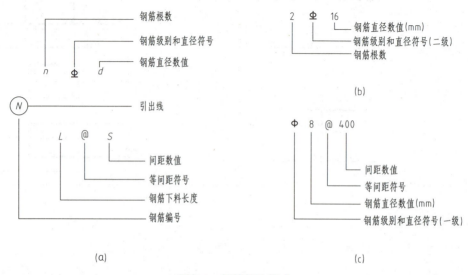

图6-6　钢筋标注形式

四、钢筋的尺寸标注

标注钢筋图的尺寸时，构件外形尺寸、构件轴线的定位尺寸、钢筋的定位尺寸等采用普通的尺寸线标注方式标注，见图6-7（a）；钢筋成型图的分段长度通常直接顺着钢筋写在一旁，不画尺寸线，尺寸数字字头朝上或朝左；钢筋的弯起角度常按分量形式注写，即注出水平及竖直方向的分量长度，见图6-7（b）。

五、钢筋混凝土结构图样的组成

道桥工程钢筋混凝土结构图一般画出构件的模板图、配筋图、成型图、断面图，并列出钢筋表即可。

1. 模板图即构件的外形图

对形状简单的构件不必单独画模板图，可将其与配筋图合在一起绘制。配筋图主要是表达钢筋在构件中的总体分布情况，需用引出线注明钢筋。构件外形轮廓用细实线、钢筋用粗实线绘制，如图6-8所示。

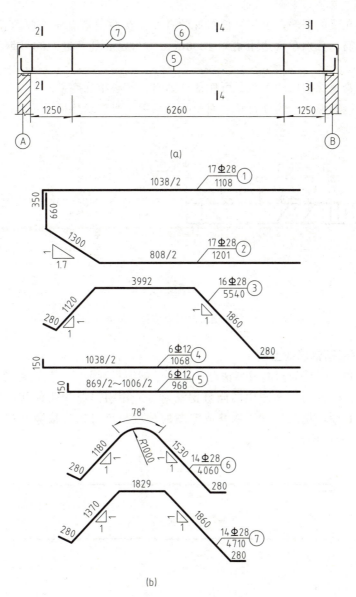

图 6-7 钢筋的尺寸标注

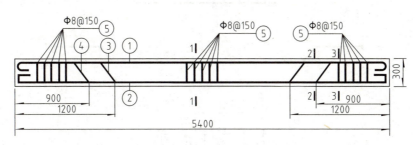

图 6-8 钢筋混凝土矩形梁构件的配筋立面图

图 6-8 是一钢筋混凝土矩形梁构件的配筋立面图。梁的轮廓线采用细实线绘制，用粗实线画出各号钢筋的纵向位置、弯起筋的弯起部位、箍筋的排列及其间距。全部钢筋均予以编号，共有四种钢筋：①号钢筋在梁的上部，是全长布置的直筋，在两端带有向下弯的半圆形

弯钩；②号钢筋在梁的下部，也是全长布置的直筋，在两端带有向上弯的直钩；③号钢筋、④号钢筋是弯起筋，分别在两边距梁端 1200mm、900mm 处弯起；⑤号钢筋是箍筋，沿全长等间距排列。

图中各种弯钩及保护层的大小，可凭估计画出，不必精确度量。

对于对称的钢筋混凝土构件，画立面图时可采用一半表示外形、一半表示配筋的画法方式。见图 6-9。

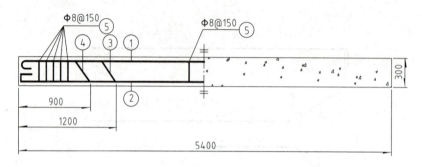

图 6-9　对称钢筋混凝土构件的钢筋立面图

2. 立面图下部画钢筋成型图

成型图表达单根钢筋的弯曲成型情况。同一号钢筋只画一根。从构件的①号钢筋开始依编号顺序整齐绘制，并与立面图中的同号钢筋对齐。用引出线注明钢筋的编号、根数、品种、直径及下料长度，见图 6-10。钢筋成型图的分段长度可以直接顺着钢筋写在一旁，不画尺寸线，见图 6-7（b）。

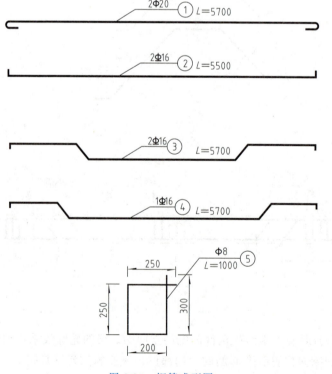

图 6-10　钢筋成型图

3. 钢筋的构件截面分布

钢筋的构件截面分布情况通常用若干个钢筋断面图表达。

构件外形轮廓用细实线、钢筋用粗实线绘制，断面内不再画混凝土的材料图例。钢筋横断面用直径约 1mm 的黑圆点表示。用引出线注明钢筋的编号、根数、品种、直径等。

若干个断面图应按照剖切符号编号依次整齐排列绘制。

为表达清晰，断面图的作图比例通常比模板图（图 6-8）大 1～2 倍。如图 6-11 所示。

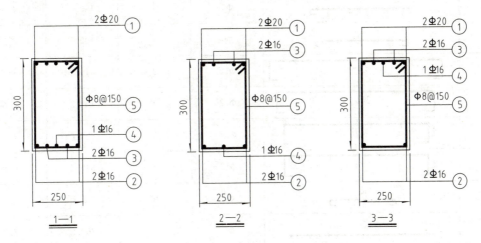

图 6-11 钢筋断面图

从图 6-11 中的 1—1 断面图中识读出：构件上部的两角各有一根①号钢筋；②号钢筋在梁下部的两角各有一根；③、④号钢筋分布在梁下部的中间处；⑤号钢筋是矩形箍筋，两端带有 45°的斜弯钩。将 2—2 断面、3—3 断面与 1—1 断面对比识读，2—2 断面、3—3 断面分别表示了将③、④号钢筋弯至构件上部的情况，其他则无变化。

当钢筋断面黑圆点较多，引出线排列密集杂乱时，断面图的上、下可在圆点对应位置绘制细实线小表格，表内的数字代表钢筋的编号，见图 6-12。

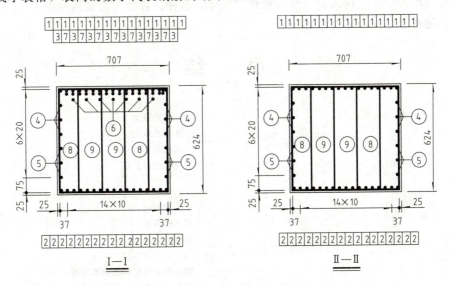

图 6-12 断面较复杂的钢筋断面图

4. 钢筋表

为了便于统计用料及施工，钢筋结构图常需画出钢筋表。其内容包括钢筋的编号、直径、根数、每根下料长度、每号钢筋总长及重量等重要技术数据，必要时还需加画钢筋简图，见表 6-5。

表 6-5 钢筋表

编号	简 图	直径/mm	根数	每根长/cm	共长/m
1	⌐ 115 ⌐	Φ6	4	122.5	4.90
2	⌐ 95 ⌐	Φ6	8	102.5	8.20
3	24⌐ 356 ⌐	Φ12	2	414.2	8.28
4	24⌐ 346 ⌐	Φ12	2	404.2	8.08
5	24⌐ 292 ⌐	Φ14	2	352.0	7.04
6	24⌐ 282 ⌐	Φ12	2	340.2	6.80
7	⌐ 25 ⌐	Φ6	36	32.5	11.70
8	360	Φ6	2	360.0	7.20
9	25⌐16 ∪R5	Φ16	4	107.2	4.29

六、钢筋混凝土结构图的识读

识读钢筋混凝土结构图应读懂如下主要内容。
① 读懂该构件的名称、绘图比例以及有关施工、材料等方面的技术要求；
② 读懂构件的外形和尺寸；
③ 读懂构件中各号钢筋的位置、形状、尺寸、品种、直径和数量或间距；
④ 读懂各钢筋间的相对位置。

小 结

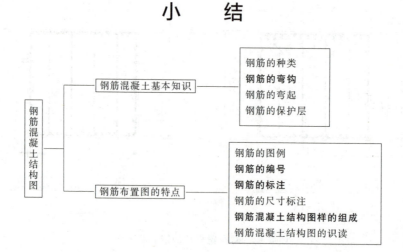

综合实训练习

根据图 6-13 矩形梁的钢筋模板图及成型图,以及表 6-6 的钢筋弯钩的长度值,填写该梁的钢筋表(表 6-7)及钢筋设计长度。

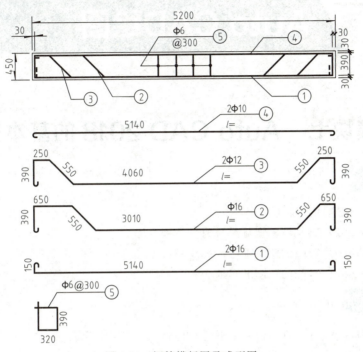

图 6-13 钢筋模板图及成型图

表 6-6 钢筋弯钩的长度值　　　　　　　　　　　　　　　　　　　　mm

弯钩长度 \ 直径	6	10	12	16
$L_1 = 6.25d$	37.5	62.5	75	100

表 6-7 矩形梁钢筋表

编号	钢筋示意图	直径/mm	设计长度 l/mm	根数	总长/m

二维码 6-1

模块二　Auto CAD绘图

子模块七　Auto CAD 2018 的基本知识

【知识目标】

- 了解 Auto CAD 2018 的工作界面
- 掌握用 Auto CAD 2018 绘制图形的方法和命令
- 掌握用 Auto CAD 2018 编辑图形的技巧
- 学会用 Auto CAD 2018 输出图纸

【能力目标】

- 能熟练利用 Auto CAD 2018 命令绘制图形
- 能够应用 Auto CAD 2018 编辑命令编辑图形
- 能够对 CAD 绘制的工程图纸准确地识读并能简单修改
- 能够输出 Auto CAD 2018 绘制的图纸

【导语】

能够利用 Auto CAD 2018 快捷准确地绘制图形，是每个土木工程设计施工人员必须掌握的技术，也是设计者对外展示设计意图的一种必要途径。本子模块主要介绍：Auto CAD 2018 的基础知识；利用 Auto CAD 2018 绘制简单二维图形的方法；如何编辑 Auto CAD 2018 的图形；如何给 Auto CAD 2018 图形标注尺寸；如何输出 Auto CAD 2018 图形。

单元一　概　述

Auto CAD 是美国 Autodesk 公司开发的通用 CAD（Computer Aided Design——计算机辅助设计）软件包。它的主要功能是绘制平面图形和三维图形、标注图形尺寸、控制图形显示、渲染图形以及打印输出图纸等，在当前计算机辅助设计领域中，Auto CAD 被广泛应用于土木、建筑、地理信息等行业。Auto CAD 自 1982 年问世以来，已历经近二十次升级。

一、Auto CAD 2018 的工作界面

启动 Auto CAD 2018 后，可以打开如图 7-1 所示的工作界面。Auto CAD 2018 的工作

界面主要由标题栏、菜单栏、工具栏、绘图窗口与命令行、状态栏等组成。

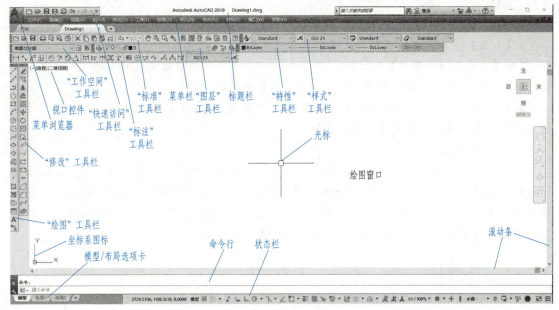

图 7-1　Auto CAD 2018 中文版工作界面

1. 标题栏

Auto CAD 2018 的标题栏位于操作界面的顶部，颜色为灰色。其红色字母显示当前正在运行的软件图标，中间显示软件名称、版本号和文件名等信息，其右侧的最小化按钮 ▬、还原（最大化）按钮 ▢、关闭按钮 ✖ 主要控制界面的大小和退出 Auto CAD 2018 软件。

2. 菜单栏（下拉菜单和快捷菜单）

Auto CAD 2018 中文版工作界面如图 7-1 所示，它由【文件（F）】、【编辑（E）】、【视图（V）】、【插入（I）】、【格式（O）】、【工具（T）】、【绘图（D）】、【标注（N）】、【修改（M）】、【参数（P）】、【窗口（W）】、【帮助（H）】12 个主菜单构成，每个主菜单下又包含了子菜单，而子菜单还包括下一级菜单。菜单几乎包括了 Auto CAD 2018 所有命令，用户完全可以通过菜单来绘图。

在使用菜单时，需了解以下几点：

① 如果命令后带有 ▶ 符号，表示此命令还有子命令；
② 如果命令后带有快捷键，表示按下快捷键即可执行此命令；
③ 如果命令后带有组合键，表示直接按此组合键即可执行此命令；
④ 如果命令后带有"..."，表示执行此命令可打开一个对话框；
⑤ 如果命令呈灰色，表示此命令在当前状态下不可使用。

3. 工具栏

工具栏是一组启动命令的按钮的组合。单击这些图标按钮就可以调用相应的 Auto CAD 命令。Auto CAD 2018 界面上提供了 20 多个已命名的工具栏，默认情况下"标准"工具栏、"工作空间"工具栏、"样式"工具栏、"图层"工具栏、"特性"工具栏、"标注"工具栏、"绘图"工具栏、"修改"工具栏处于打开状态。用户可以根据自己的需要通过【视图】

菜单中的【工具栏（O）...】进行子菜单定制，增加或删减工具栏条目，控制该项是否在屏幕上显示。

选择打开或关闭工具栏的操作步骤如下：

➢【工具】→【自定义】→【界面】→【自定义用户界面】对话框；

➢在【自定义用户界面】对话框，单击所有 CUI 文件中的自定义窗口下的"Auto CAD"默认（当前）选项→单击右侧【自定义工作空间】按钮；

➢双击"所有 CUI 文件中的自定义"下的【工具栏】，在列出的选项上打对钩选择要选的工具栏，单击【应用】或【确定】按钮。

4. 命令行与文本窗口

在绘图区的下面是命令窗口，它由命令历史窗口和命令行组成，如图 7-2 所示。命令行显示的是用户从键盘上输入的命令信息，在绘图时，用户要注意命令行的各种提示，以便准确、快捷地绘图；命令历史窗口中记录了 Auto CAD 启动后的所有信息中的最新信息。命令历史窗口与绘图窗口之间的切换可以通过【F2】功能键进行。

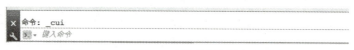

图 7-2 Auto CAD 2018 的"命令行"浮动窗口

5. 状态栏

状态栏位于绘图窗口的底部，用来反映当前的绘图状态，如当前光标的坐标，绘图时是否启用了栅格显示、正交模式、栅格捕捉、等轴测草图等功能，以及当前的绘图空间、图形单位等。

状态栏包含了近 20 个功能按钮，如"显示图形栅格""捕捉模式""推断约束""动态输入""正交限制光标""极轴追踪""等轴测草图""对象捕捉追踪""对象捕捉""显示/隐藏线宽""透明度""选择循环""三维对象捕捉""动态 UCS""过滤对象选择""显示小控件""显示注释对象"等以及显示"当前视图的注释比例""当前图形单位"等状态，状态栏左侧为【模型】或【图纸】空间状态按钮，如图 7-3 所示，单击一次这些功能按钮，将切换一次状态。

图 7-3 Auto CAD 2018 的"状态栏"

6. 绘图区

绘图区是指屏幕中面积最大的白色（或黑色）区域，它是用户绘图的工作平台，其左下方显示当前绘图状态下的坐标系，如图 7-1 所示。坐标系用于确定一个对象的方位。掌握各种坐标，对于快捷地制图至关重要。

在 Auto CAD 2018 中，有两种坐标系：一个称为世界坐标系（WCS）的固定坐标系，另一个称为用户坐标系（UCS）的可移动坐标系。在 WCS 中，X 轴是水平的，Y 轴是竖直的，Z 轴垂直于 XY 平面。原点是图形左下角 X 轴和 Y 轴的交点（0, 0）。可以依据 WCS 定义 UCS。实际上所有的坐标输入都使用较为方便的当前 UCS。移动 UCS 可以使处理图形的特定部分变得更加容易。旋转 UCS 可以帮助用户在三维或旋转视图中指定点。"图形栅格""捕捉栅格"和"正交限制光标"模式都将旋转以适应新的 UCS。

在 Auto CAD 2018 中，每当开启"等轴测草图"功能按钮时，如图 7-4 所示，绘图区内的光标变为红绿斜交的两根等轴测轴，即进入绘制正等轴测二维立体直观图的状态，按住组合快捷键【Fn】+【F5】可在左等轴测平面、顶部等轴测平面、右等轴测平面之间切换。

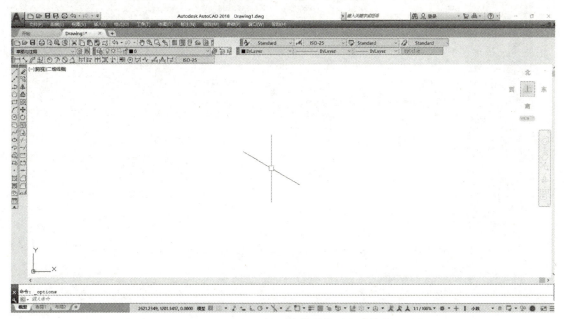

图 7-4　Auto CAD 2018 的"等轴测草图"功能按钮开启

二、文件操作

文件操作包括新建、打开、保存文件命令等。

1. 新建文件

启动 Auto CAD 2018 后，系统会创建一个默认名称为 Drawing1.dwg 的图形文件，用户可以对此文件进行编辑，然后将其保存为其他文件名。

用户可以通过以下三种方式新建文件。

◆ 菜单命令：【文件】→【新建】

◆ 工具栏：单击"标准"工具栏中按钮

◆ 命令行：new（快捷键：Ctrl+N）

用户键入"new"命令后，会弹出如图 7-5 所示的【选择样板】对话框。

在该对话框中选择一种样板作为模型来创建新的图形，日常设计中常用 acad 和 acadiso 样板。

单击【打开】按钮，系统将打开一个基于样板的新文件，默认文件名为 Drawing1.dwg。如图 7-6 所示。

2. 打开文件

在 Auto CAD 2018 中打开已有的图形文件有以下三种方法。

◆ 菜单命令：【文件】→【打开】

◆ 工具栏：单击"标准"工具栏中按钮

◆ 命令行：open（快捷键 Ctrl+O）

调用"打开"命令后，系统将弹出【选择文件】对话框，如图 7-7 所示。

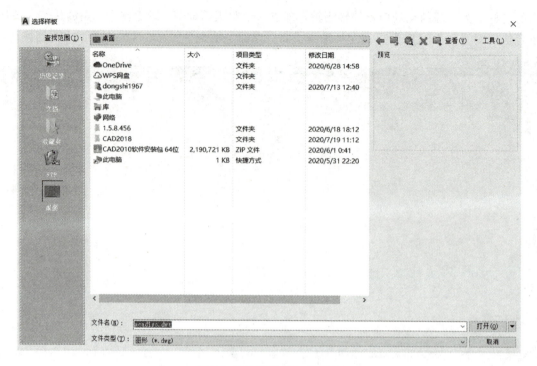

图 7-5 【选择样板】对话框

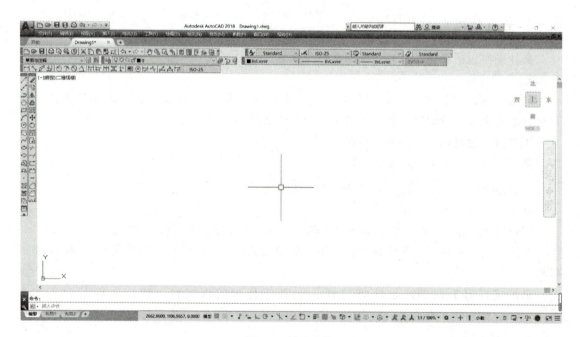

图 7-6 新建文件

选择需要打开的文件,单击【打开】按钮可打开指定的文件;选择【打开】按钮旁 按钮选择不同打开方式。

3. 保存文件

对于新建图形或修改后的图形,用户可将其保存在磁盘中。保存图形文件的方式可以采

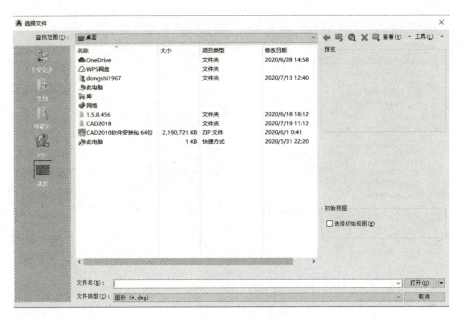

图 7-7 【选择文件】对话框

取以下三种。

◆ 菜单命令：【文件】→【保存】

◆ 工具栏：单击"标准"工具栏中按钮 🖫

◆ 命令行：save（快捷键 Ctrl+S）

在 Auto CAD 中，用户还可以将当前的图形文件保存为一个新的文件，该命令的调用方式如下。

◆ 菜单命令：【文件】→【另存为】

此外，Auto CAD 2018 提供了自动保存功能。建议用户每隔 10~15 分钟保存一次绘制的图形，以防止一些意外情况的发生。操作步骤如下：

➢ 选择【工具】→【选项】命令，弹出【选项】对话框；

➢ 在"选项"对话框中，选择【打开和保存】选项卡，选中"自动保存"复选框，在"保存间隔分钟数"内输入数值，如图 7-8 所示；

➢ 单击【确定】按钮后，系统将以输入数值（图 7-8 中为 10 分钟）为时间间隔自动对文件进行保存。

4. 关闭文件

用户执行下列操作可关闭当前图形。

◆ 菜单命令：【文件】→【关闭】

◆ 标题栏：单击当前图形文件右上角的按钮 ☒

◆ 命令行：close

用以上命令来关闭当前的图形文件，不影响其他已打开的文件。

调用该命令后，Auto CAD 将关闭当前的图形。如果该图形的修改结果还没有保存过，则 Auto CAD 将显示一个警告提示，提示用户选择是否保存修改结果。

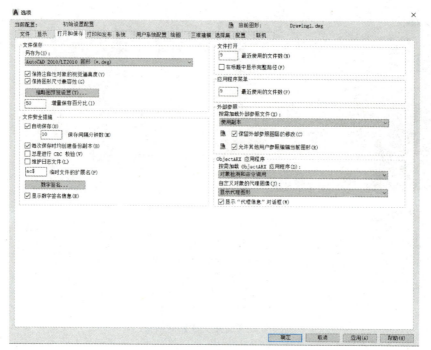

图 7-8 【打开和保存】选项卡

三、绘图环境的设置

用户可在默认环境下工作,当对绘图环境有要求时,也可设置绘图环境。绘图环境主要指绘图窗口的显示颜色和尺寸、默认保存文件的路径以及打开和保存图形文件的格式等。

1. 设置系统参数

◆ 菜单命令:【工具】→【选项】

◆ 命令行:options

调用此命令弹出图 7-8 所示的【选项】对话框,其中包括【文件】、【显示】、【打开和保存】等 11 个选项卡。

(1) 背景颜色的设置　在【选项】对话框中的【显示】选项卡中,可以设置窗口元素、布局元素、显示精度、显示性能、十字光标大小、背景颜色和参照编辑的淡入度控制等属性。操作如下:

➢ 在【显示】选项卡中,单击"窗口元素"中的【颜色】按钮。打开如图 7-9 所示的【图形窗口颜色】对话框,默认绘图窗口的背景颜色为黑色。

➢ 在"颜色"下拉列表框中选择"白",单击【应用并关闭】,图形窗口的背景颜色即改为白色。命令窗口的背景颜色、命令行文字及光标的颜色均可用同样的方法予以修改。

(2) 右键功能的设置　【用户系统配置】选项卡用于设置是否使用快捷菜单、插入比例、坐标数据输入的优先级、关联标注、超链接、字段、放弃/重做等属性,如图 7-10 所示,单击【自定义右键单击】按钮,可以从中设置在各种模式下右键单击的功能。

(3) 捕捉功能的设置　【绘图】选项卡用于设置自动捕捉、AutoTrack、对齐点获取、对象捕捉等属性,如图 7-11 所示。

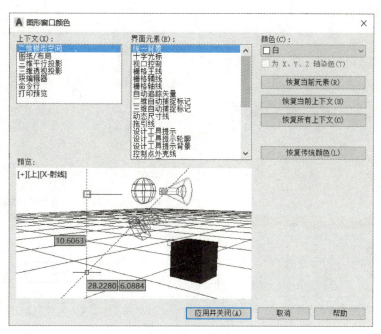

图 7-9 【图形窗口颜色】对话框

图 7-10 【用户系统配置】选项卡

图 7-11 【绘图】选项卡

2. 设置绘图环境

在绘制图形前，一般要设置绘图环境，设置绘图环境包括图形单位的设置、图形界限的设置、图层和线型的设置等。

（1）长度单位设置　绘图前要先根据实际大小确定一个图形单位，然后根据此单位创建图形。

选择【格式】→【单位】命令，打开如图 7-12 所示的【图形单位】对话框，在"长度"的"类型"下拉列表中选择单位类型；在"精度"下拉列表中选择精度类型。

（2）角度单位设置　如图 7-12 所示，在"角度"的"类型"下拉列表中可以选择角度类型，在"精度"下拉列表中选择角度单位的精度。"顺时针"复选框用于指定角度的正方向。单击【方向】按钮，可以打开【方向控制】对话框，如图 7-13 所示，该对话框主要用于设置角度的基准方向。

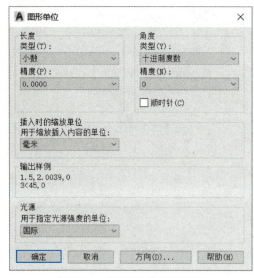

图 7-12　【图形单位】对话框 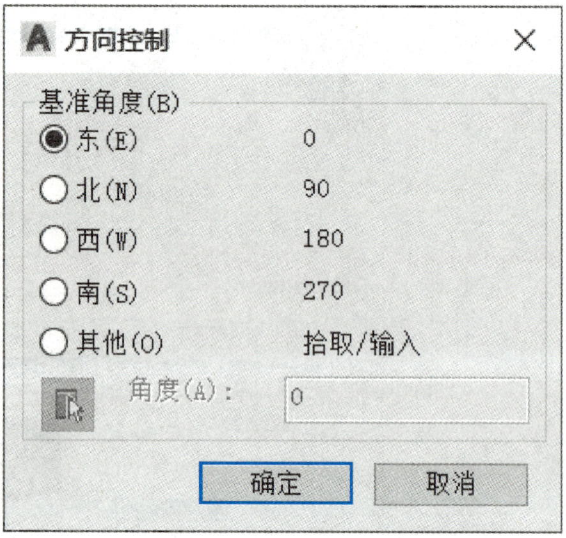　　　　图 7-13　【方向控制】对话框

（3）图形界限设置　为避免绘图时所绘图形超出工作区域或图纸边界，应当事先用图形界限设置来标明边界。用户可以用下列方式设置图形界限。

◆ 菜单命令：【格式】→【绘图界限】

◆ 命令行：limits

调用命令后，Auto CAD 将打开图 7-14 的提示框，要求输入左下角坐标，如直接按回车键，则默认在左下角位置的坐标为（0.0000，0.0000），再指定右上角点，输入"420，297"（即横式的 A3 纸大小）。

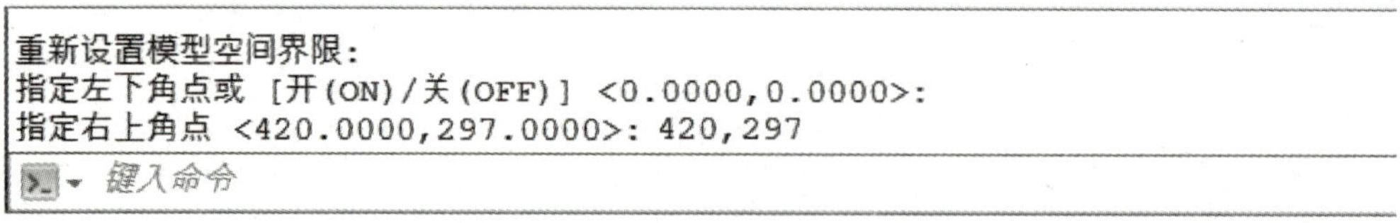

```
重新设置模型空间界限：
指定左下角点或 [开(ON)/关(OFF)] <0.0000,0.0000>:
指定右上角点 <420.0000,297.0000>: 420,297
>_▼ 键入命令
```

图 7-14　边界设置的命令提示

（4）图层设置　Auto CAD 中的图层相当于手工绘图中使用的透明纸，它是 Auto CAD 提供的一个管理图形对象的工具。它使得 Auto CAD 的图形图像实际上相当于由许多张透明的、无厚度的图纸重叠在一起而组成。用户可以使用图层来组织管理不同类型的信息，例如图形的几何对象、文字、标注、图块等。

1）创建图层　可采用如下命令调用方式。

◆ 菜单命令：【格式】→【图层】

◆ 工具栏：单击【图层】工具栏中的按钮 ![icon]

◆ 命令行：layer

调用命令后，弹出如图 7-15 所示的【图层特性管理器】对话框，可以对图层的特性进行设置，图层的特性包括图层的名称、开关状态、颜色、线型、线宽、打印样式等。

每次创建新图层时，系统将自动创建一个名为"0"的特殊图层。该图层既不可以重新

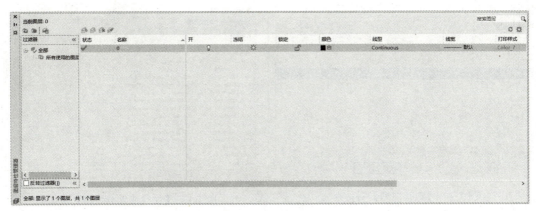

图 7-15 【图层特性管理器】对话框

命名，也不可以被删除。

单击 按钮，可以新建一个默认名为"图层 1"的图层，当连续创建新的图层时，新图层名将会按照创建的先后顺序，分别默认命名为"图层 1""图层 2"等，当然，用户也可在"名称"处输入自己命名的图层名。

2）图层颜色设置　单击"颜色"色板可赋予每个图层一个颜色。新建图层的颜色若不重新选择，则会默认上一图层的颜色。

3）设置当前图层　在绘图过程中，用户只能在当前图层中绘制图形。介绍以下两种当前图层的设置方法：

➤ 在【图层特性管理器】对话框中选定一个图层，然后单击 按钮，使其左侧"状态"显示当前图层标记 ，单击【确定】按钮；

➤ 单击【图层】工具栏中的 窗口，在弹出的下拉列表中选择要设为当前图层的图层即可。

4）图层开关控制　默认状态下，图层的开关状态均为"打开""解冻""解锁"。在绘图时可根据需要改变图层的开关状态，只要在【图层】工具栏中单击相应开关即可。

5）删除图层　选定图层，单击"删除图层"按钮 。0 图层、当前图层、包含对象（包括块定义中的对象）及依赖外部参照的图层不能被删除。

（5）线型的加载

1）线型选择　在绘制复杂图形的时候，除了用颜色来区分图层外，线型也是一个重要因素。如图 7-16 所示。一般图层的线型设置操作步骤如下：

➤ 打开【图层特性管理器】对话框，单击"线型"图标，调出【选择线型】对话框，如图 7-16 所示；

➤ 在【选择线型】对话框中选择一种线型，单击【确定】，关闭【选择线型】对话框，完成设置；如果在【选择线型】对话框中没有用户需要的线型，用户可以单击【加载（L）…】，调出【加载或重载线型】对话框，如图 7-17 所示。

在工程制图中，常用的线型如下：

① 实线：CONTINUOUS。

② 虚线：HIDDEN。

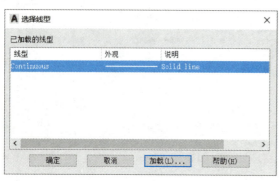

图 7-16 【选择线型】对话框

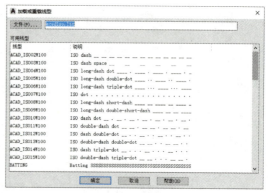

图 7-17 【加载或重载线型】对话框

③ 点划线：CENTER。

④ 双点划线：PHANTOM。

2）线宽设置　用鼠标左键单击【图层特性管理器】对话框中图层所对应的线宽，在弹出的下拉列表中选择线宽，然后单击【确定】。

四、命令执行

1. 命令的输入

图 7-18 展示了三种命令调用方法，具体如下：

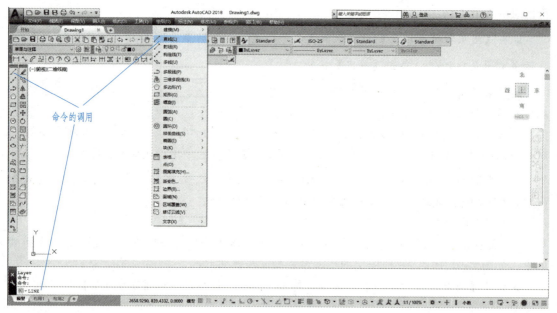

图 7-18　命令的三种调用方法

◆ 单击命令按钮；

◆ 从菜单栏中选取；

◆ 从键盘输入命令。

2. 终止命令

可采用下列方式终止命令的执行：

◆ 命令执行完成后自动终止；
◆ 在执行过程中按【Esc】键；
◆ 从菜单栏或工具栏调用另一个命令，将终止当前正在执行的绝大部分命令。

五、坐标的输入

用 Auto CAD 绘制工程图，是靠点的位置来确定图形的，这里给出以下几种定点的方法。

1. 坐标输入法

（1）绝对直角坐标　输入格式为"X，Y"。
（2）相对直角坐标法　输入格式为"@ X，Y"。
注意：坐标输入时的逗号必须为半角英文符号。
（3）绝对极坐标法　输入格式为"距离＜角度"。
（4）相对极坐标　输入格式为"@距离＜角度"。

2. 光标定点

移动十字光标到指定位置，单击左键即可。为了更准确地到达指定位置，可以使用绘图辅助工具。

六、绘图辅助工具

Auto CAD 为用户提供了多种精确绘图的辅助工具，如：捕捉和栅格、极轴追踪、对象捕捉、三维对象捕捉、动态输入、快捷特性、选择循环等，这些辅助工具类似于手工绘图时使用的方格纸、三角板，可以更容易、更准确地创建和修改图形对象。用户可通过选择菜单栏【工具】→【绘图设置】命令，打开如图 7-19 所示的【草图设置】对话框，对这些辅助工具进行设置，以便能更加灵活、方便地使用这些工具来绘图。

图 7-19 的【草图设置】对话框中给出了以下几种绘图辅助方式。

1. 捕捉和栅格

选择菜单栏【工具】→【绘图设置】，弹出【草图设置】对话框，并选择【捕捉和栅格】选项卡，如图 7-19 所示。分别选中"启用捕捉"和"启用栅格"开

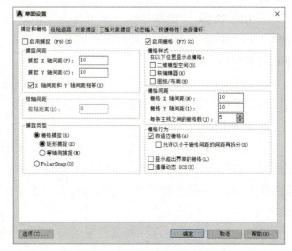

图 7-19 【草图设置】对话框

关，打开捕捉和栅格模式，并进行设置，然后按键确认。现在屏幕上出现了一个坐标纸状网格，也就是栅格，当用户移动光标时会发现，光标只能停在其附近的栅格点上，而且可以精确地选择这些栅格点，但却无法选择栅格点以外的地方，这个功能称为"捕捉"。

（1）栅格　栅格是绘图的辅助工具，虽然打开的栅格可以显示在屏幕上，但它并不是图形对象，因此不能从打印机中输出，如图 7-20 所示。

用户可以指定栅格在 X 轴方向和 Y 轴方向上的间距。在【草图设置】对话框中，"栅格

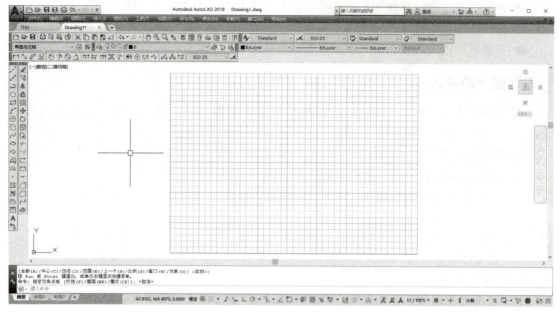

图 7-20　显示图形栅格

"X 轴间距"编辑框和"栅格 Y 轴间距"编辑框分别用于指定栅格在 X 轴方向和 Y 轴方向上的间距。

（2）捕捉　捕捉可以使用户直接使用鼠标快捷准确地定位目标点。捕捉模式有几种不同的形式：

① 栅格捕捉。"栅格捕捉"又可分为"矩形捕捉"和"等轴测捕捉"两种类型。缺省设置为"矩形捕捉"，即捕捉点的阵列类似于栅格；"等轴测捕捉"是绘制正等轴测二维直观图时采用的菱形网格。

② PolarSnap（极轴捕捉）。用于捕捉相对于初始点、且满足指定的极轴距离和极轴角的目标点。用户选择极轴捕捉模式后，将激活"极轴距离"项，来设置捕捉增量距离。

2. 极轴追踪

使用"极轴追踪"的功能可以用指定的角度来绘制对象。用户在极轴追踪模式下确定目标点时，系统会在光标接近指定的角度方向上显示细虚线状的临时对齐路径，并自动地在对齐路径上捕捉距离光标最近的点，同时给出该点的信息提示，用户可据此准确地确定目标点。

注意：当"极轴追踪"模式设置为打开时，用户仍可以用光标在非对齐方向上指定目标点，这与"捕捉"模式不同。当这两种模式均处于打开状态时，只能以捕捉模式（包括栅格捕捉和极轴捕捉）为准。

3. 对象捕捉

由于在绘图中需要频繁地使用对象捕捉功能，因此 Auto CAD 中允许用户将某些对象捕捉方式缺省设置为打开状态，这样当光标接近捕捉点时，系统会产生自动捕捉标记、捕捉提示供用户使用。

在【草图设置】对话框的【对象捕捉】选项卡中可以看到各种对象捕捉模式，如图 7-21 所示，图中被选中的对象捕捉模式将会在绘图中缺省使用。用户可以单击【全部选择】

按钮选中全部捕捉模式，或单击【全部清除】按钮取消所有已选中的捕捉模式。

为避免互相干扰，建议尽量只打开几个常用的捕捉模式，如端点、交点等。

在 Auto CAD 2018 中还提供了"对象捕捉追踪"功能，该功能可以看作是"对象捕捉"和"极轴追踪"功能的联合应用，即用户先根据"对象捕捉"功能确定对象的某一特征点，然后以该点为基准点进行追踪，得到准确的目标点。

注意：对象捕捉追踪应与对象捕捉配合使用。但极轴追踪的状态不影响对象捕捉追踪的使用，即使极轴追踪处于关闭状态，用户仍可在对象捕捉追踪中使用极轴角进行追踪。

4. 三维对象捕捉

Auto CAD 2018 提供了三维对象捕捉功能，因此 Auto CAD 中允许用户将某些三维对象捕捉方式缺省设置为打开状态，这样当光标接近捕捉点时，系统会产生自动捕捉标记、捕捉提示供用户使用。

在【草图设置】对话框的【三维对象捕捉】选项卡中可以看到各种三维对象捕捉及点云的模式，如图 7-22 所示，图中被选中的三维对象捕捉模式将会在建模中缺省使用。用户可以单击【全部选择】按钮选中全部捕捉及点云的模式，或单击【全部清除】按钮取消所有已选中的捕捉及点云模式。

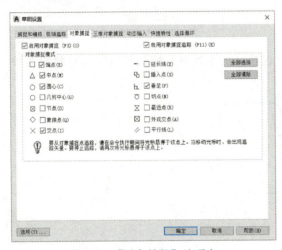

图 7-21 【对象捕捉】选项卡

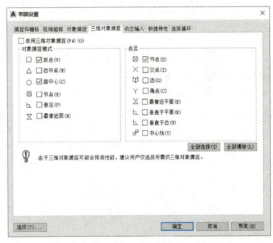

图 7-22 【三维对象捕捉】选项卡

七、图形的选择

在对图形进行编辑操作时首先要确定编辑的对象，即选择若干图形对象构成选择集。输入一个图形编辑命令后，命令行出现"选择对象"提示，这时可根据需要反复多次地进行选择，直至回车结束选择。为了提高选择的速度和准确性，Auto CAD 2018 提供了多种不同形式的选择对象方式，常用的选择方式有以下几种：

（1）直接选择对象　这是默认的选择对象方式，此时光标变为一个小方框（称"拾取框"），将拾取框移至待选图形对象上单击鼠标左键，则该对象被选中。重复上述操作，可依次选取多个对象。被选中的图形对象以蓝色高亮显示，以区别其他图形。利用该方式每次只能选取一个对象，且在图形密集的地方选取对象时，往往容易选错或多选。

（2）窗口（W）方式　键入"W"，选择窗口方式。通过光标给定一个矩形窗口，所有部分均位于这个矩形窗口内的图形对象被选中。窗口方式选择对象常用下述操作方法：首先确定窗口的左上角点,再向右拖动定义窗口的右下角点,则出现的细实线蓝色窗口为选择窗口,此时只有完全包含在这个窗口中的对象才会被选中,如图 7-23 所示。

(3)多边形窗口(WP)方式　键入"WP",用由多个圈围点构成的细实线多边形蓝色窗口方式选择对象,完全包含在窗口中的图形被选中。

(4)交叉(C、CP)窗口方式　该方式与"W""WP"窗口方式的操作方法类似,不同点在于,在交叉窗口方式下,所有位于矩形(或多边形)窗口之内以及与窗口边界相交的对象都将被选中,如图 7-24 所示。在选择对象时,如果首先确定窗口的右下角点,再向左拖动定义窗口的左上角点,则出现的细虚线绿色窗口为交叉窗口,这种方法是选择对象的常用方法。

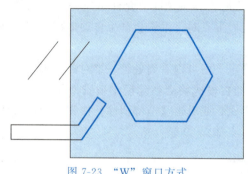 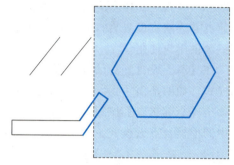

图 7-23　"W"窗口方式　　　　　　　图 7-24　"C"交叉窗口方式

(5)栏选(F)方式　绘制一条开放的多点栅栏,其中所有与栅栏相接触的对象均会被选中,如图 7-25 所示。

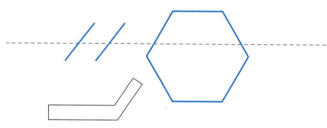

图 7-25　"F"栏选方式

(6)全部(All)方式　键入"ALL",则屏幕上全部图形对象被选中。

八、图形的删除

Auto CAD 2018 有三种常用的删除方式,具体如下:

➢ 选择"修改"工具栏上的按钮 ，或键入"erase"命令,十字光标变为拾取框后选择要删除的图形,选择完后单击右键或回车即可;

➢ 直接选中所要删除的图形,按键盘上【Delete】键删除;

➢ 直接选中所要删除的图形,单击右键,在弹出的菜单中选择"删除"即可。

使用命令"oops",可以恢复最后一次使用"删除"命令删除的对象。

单元二　▶ 绘制二维图形

二维图形是由点、线、圆等组成的图形,它是 Auto CAD 的绘图基础,只有熟练掌握二维图形的绘制方法和技巧，才能更好地创建出复杂的图形效果。

一、直线、圆、矩形、椭圆、正多边形的绘制

1. 绘制直线

绘制一条或多条连续的直线段的命令调用方式如下。

◆ 工具栏：单击"绘图"工具栏上的按钮

◆ 命令行：line（快捷命令：l）

操作过程如下：

➢ 命令：line（回车）

➢ 指定第一点：（输入一点作为线段的起点）

➢ 指定下一点或［放弃（U）］：（再指定一点，则通过该点和前一点可画出一条线段，以此类推，可画出多段连续的折线段）

➢ 指定下一点或［放弃（U）］：

➢ 指定下一点或［闭合（C）/放弃(U)］：

说明：在"指定下一点或［放弃（U）］："提示符后键入"U"，回车，即可取消刚画的一段直线，再键入"U"，回车，再取消前一段直线，以此类推。

在"指定下一点或［闭合（C）/放弃(U)］："提示符后键入"C"，回车，系统会将折线的起点和终点相连，形成一个封闭线框，并自动结束命令。

2. 绘制圆

圆是绘图过程中使用最多的基本图形元素之一，常用来构建柱、轴等，如图7-26所示。命令调用方式如下。

◆ 工具栏：单击"绘图"工具栏上的按钮

◆ 命令行：circle（快捷命令：c）

（1）用"圆心、半径"画圆

➢ 输入命令：circle（回车）

➢ 指定圆的圆心或［三点（3P）/两点(2P)/相切、相切、半径(T)］：（指定圆心O）

➢ 指定圆的半径或［直径（D）］：50

绘制结果如图7-27所示。

（2）用"圆心、直径"画圆

➢ 命令：circle（回车）

➢ 指定圆的圆心或［三点（3P）/两点(2P)/相切、相切、半径(T)］：（指定圆心O）

➢ 指定圆的半径或［直径（D）］＜10＞：D（选择输入圆的直径值）

➢ 指定圆的直径＜20＞：100

绘制结果如图7-28所示。

（3）用"相切、相切、半径"画圆

➢ 命令：circle

图7-26 利用"工具栏"绘制圆

➢ 指定圆的圆心或 [三点（3P）/两点（2P）/相切、相切、半径(T)]：T（选择两个切点、一个半径方式画圆）
➢ 指定对象与圆的第一个切点：（选择一条直线 AB）
➢ 指定对象与圆的第二个切点：（选择另一条直线 AC）
➢ 指定圆的半径：35（回车）

绘制结果如图7-29所示。

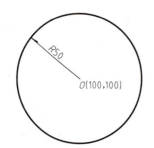
图7-27 用"圆心、半径"画圆

图7-28 用"圆心、直径"画圆

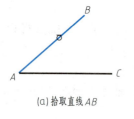
(a) 拾取直线 AB

(b) 拾取直线 AC

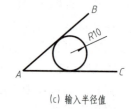
(c) 输入半径值

图7-29 用"相切、相切、半径"画圆

3. 绘制矩形

矩形是绘制平面图形时常用的简单图形，也是构成复杂图形的基本图形元素。命令调用方式如下：

◆ 工具栏：单击"绘图"工具栏上的按钮 ▭
◆ 命令行：rectangle（快捷命令：rec）

操作步骤如下：

➢ 输入命令：rectangle（回车）
➢ 指定第一个角点或 [倒角（C）/标高(E)/圆角(F)/厚度(T)/宽度(W)]：W
➢ 指定矩形的线宽<0.0000>：1
➢ 指定第一个角点或 [倒角（C）/标高(E)/圆角(F)/厚度(T)/宽度(W)]：F
➢ 指定矩形的圆角半径<0.0000>：12
➢ 指定第一个角点或 [倒角（C）/标高(E)/圆角(F)/厚度(T)/宽度(W)]：（指定 A 点）
➢ 指定另一个角点或 [尺寸（D）]：（指定 B 点）

绘图结果如图7-30所示。

4. 绘制椭圆

◆ 工具栏：单击"绘图"工具栏上的按钮 ⬭

◆ 命令行：ellipse（快捷命令：el）

Auto CAD 提供了多种绘制椭圆的方式。

（1）可以利用椭圆某一轴上两个端点的位置以及另一轴的半长绘制椭圆。

➢ 命令：ellipse（回车）

➢ 指定椭圆的轴端点或［圆弧（A）/中心点(C)］：（指定轴端点 P_1）

➢ 指定轴的另一个端点：（指定轴的另一个端点 P_2）

➢ 指定另一条半轴长度或［旋转（R）］：5（输入半轴长度）

绘制结果如图 7-31 所示。

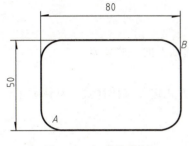

图 7-30　矩形的绘制

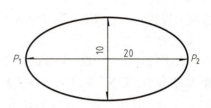

图 7-31　用"轴、端点"选项画椭圆

（2）可以利用椭圆某一轴上的两个端点位置以及一个转角绘制椭圆　它是将已知的两个端点之间的连线作为圆的直径线，该圆绕其直径旋转一定的角度后投影到绘图平面，就形成了椭圆。

➢ 命令：ellipse（回车）

➢ 指定椭圆的轴端点或［圆弧（A）/中心点(C)］：（指定轴端点 P_1）

➢ 指定轴的另一个端点：4（指定轴的另一个端点 P_2）

➢ 指定另一条半轴长度或［旋转（R）］：R（键入 R 后回车，选择输入角度）

➢ 指定绕长轴旋转的角度：30（输入旋转角度）。

绘制结果如图 7-32 所示。

5. 绘制正多边形

正多边形是指由三条以上各边长相等的线段构成的封闭实体。正多边形是绘图中经常用到的一种简单图形。命令调用方式如下：

◆ 工具栏：单击"绘图"工具栏上的按钮 ⬠

◆ 命令行：polygon（快捷命令：pol）

Auto CAD 中正多边形的画法主要有三种，现具体说明如下：

（1）定边法　Auto CAD 要求指定正多边形的边数及一条边的两个端点，然后系统从边的第二个端点开始按逆时针方向画出该正多边形。

（2）外接圆法　Auto CAD 要求指定该正多边形外接圆的圆心和半径。通过该外接圆，系统来绘制所需的正多边形。如图 7-33 所示。

（3）内切圆法　Auto CAD 要求指定正多边形内切圆的圆心和半径。通过该内切圆，系统来绘制所需要的正多边形。

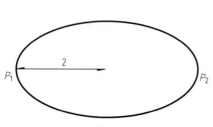

图 7-32　旋转法画椭圆

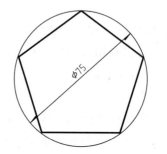

图 7-33　用"外接圆法"画正多边形

二、文字输入

绘制工程图时，常需要利用文字来解释说明工程图纸上的一些要素。

1. 设置文字

（1）文字输入命令　在 Auto CAD 2018 中有三种方式定义字体样式，具体如下。

◆ 菜单命令：【格式】→【文字样式】

◆ 工具栏：单击"样式"工具栏中的按钮

◆ 命令行：style（快捷命令：st）

调用该命令后，将打开【文字样式】对话框，如图 7-34 所示，Auto CAD 2018 中，默认字体样式为"Standard"，单击【文字样式】对话框中【新建】按钮会弹出【新建文字样式】对话框，如图 7-35 所示，从中可以命名新建文字样式。

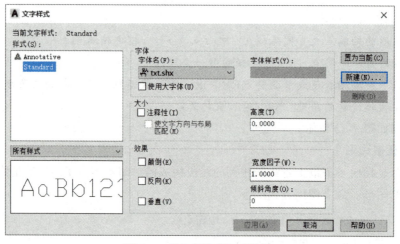

图 7-34　【文字样式】对话框

（2）设置文字样式　用户可以在【新建文字样式】对话框中命名新建的文字样式。

在【文字样式】对话框的"效果"选项区域中，可以编辑字体的具体特性，包括显示方式、宽度因子及倾斜角度，其中，"宽度因子"是指字体的长宽比值。

2. 输入单行文字、多行文字

Auto CAD 2018 中，输入的标注文字

图 7-35　【新建文字样式】对话框

有单行文字,也有多行文字。其中单行文字主要是标注一些比较简短的内容,比如名称。多行文字则主要标注比较复杂的说明。在 Auto CAD 2018 中,用户可以对输入的多行文字执行如:居中、左对齐、右对齐、编号、文体设置、尺寸设置等多项操作,并能在输入的文字中间插入一些特殊符号。

（1）输入单行文字

◆ 菜单命令:【绘图】→【文字】→【单行文字】

◆ 命令行:dtext（快捷命令:dt）

例如,输入单行文字"工程识图",具体操作步骤如下:

▶ 命令:dtext
当前文字样式:Standard　当前文字高度:2.5000
▶ 指定文字的起点或 [对正 (J)/样式(S)]:J
▶ 输入选项 [对齐 (A)/调整(F)/中心(C)/中间(M)/右(R)/左上(TL)/中上(TC)/右上(TR)/左中(ML)/正中(MC)/右中(MR)/左下(BL)/中下(BC)/右下(BR)]:C
▶ 指定文字的中心点:
▶ 指定高度<2.5000>:7
▶ 指定文字的旋转角度<0>:0
▶ 输入单行文字:工程识图

绘制结果如图 7-36 所示。

（2）输入多行文字

◆ 菜单命令:【绘图】→【文字】→【多行文字】

◆ 工具栏:单击"绘图"工具栏的按钮 A

◆ 命令行:mtext（快捷命令:mt）

▶ 在图 7-37 中输入多行文字"Auto CAD 2018 工程识图",点击【确定】即可。

绘制过程如图 7-37 所示。

图 7-36　输入单行文字

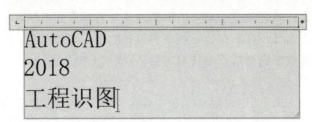

图 7-37　输入多行文字

三、图案填充

在绘制剖面图和断面图时,在剖面区域内要填充材料图例,使用 Auto CAD 2018 的图案填充功能可以将预定义的图案填充到一个图形区域中。

1. 填充操作

（1）输入命令

◆ 菜单命令：【绘图】→【图案填充】

◆ 工具栏：单击"绘图"工具栏的按钮

◆ 命令行：bhatch（快捷命令：h）

输入填充命令后，弹出如图 7-38 的【图案填充和渐变色】对话框。

图 7-38 【图案填充和渐变色】对话框

（2）选择填充图案样式　如选"ANGLE"样式；

（3）指定填充边界　点击【添加：拾取点】或【添加：选择对象】按钮后将临时关闭对话框；

（4）回到图形界面　指定填充区域后，回车或点击右键回到对话框；

（5）预览效果　点击【预览】按钮，可观看填充效果；

（6）填充结果　修改至满意后点击【确定】，完成填充操作。

2. 选择图案类型

图案的类型有"预定义""用户定义"和"自定义"三种。通常选用"预定义"下拉图案。如欲更加直观地选择图案，可点击"图案"下拉列表右旁的按钮，在弹出的【填充图案选项板】对话框中加以选择。

四、图块

在绘制图形时，如果图形中有大量相同或者相似的内容，或者所绘制的图形与已有的图形文件相同，则可以把要重复绘制的图形创建成块，在需要时直接插入它们；也可以将已有的图形文件直接插入到当前图形中,从而提高绘图效率。

(1) 创建块
- ◆ 菜单命令:【绘图】→【块】→【创建】
- ◆ 工具栏:单击"绘图"工具栏的按钮
- ◆ 命令行:block(快捷命令:b)

系统将打开【块定义】对话框,利用该对话框,可以将已绘制的对象创建为块。

(2) 插入块
- ◆ 菜单命令:【插入】→【块】

系统将打开【插入】对话框,利用该对话框,用户可以在图形中插入块或其他图形,且在插入的同时还可以改变所插入块或图形的比例与旋转角度。

(3) 存储块
- ◆ 命令行:wblock(快捷命令:wb)

将块以文件的形式写入磁盘,以便在其他图形中也能够使用该块。

(4) 设置插入基点
- ◆ 菜单命令:【绘图】→【块】→【基点】
- ◆ 命令行:base

用户可以设置当前图形的插入基点。

五、绘制二维等轴测图

轴测图是反映物体三维形状的二维图,它富有立体感,能帮助人们更快更清楚地认识构配件空间形状。绘制一个构件的等轴测图是在二维平面中完成的,相对三维实体更简洁方便。

一个形体的轴测投影反映三个投影面 V、H、W,为了便于绘图,按【F5】快捷键轴测轴可依次在这三个面上切换;辅助工具"正交"启用时直线命令只能绘制与水平线夹角分别是 30°、90°和 120°的直线。

1. 激活轴测投影模式

- ➤ 单击菜单命令中的【工具】→【绘图设置】→【捕捉和栅格】→"捕捉类型"→"等轴测捕捉"→【确定】;
- ➤ 单击状态栏中的 切换到开启状态;
- ➤ 命令行中输入"snap"→样式:s→等轴测 I→确定。

2. 在等轴测投影模式下画形体

绘制一个边长为 10 的正方体等轴测图。操作步骤如下:
- ➤ 激活"等轴测捕捉"→"正交限制光标"启用;
- ➤ "直线"→定左前下角点→X 方向 10→Z 方向 10→X 反向 10→C 闭合;
- ➤ 【F5】切换至俯视→指定左前上角点→X 方向 10→Y 方向 10→X 反向 10→C 闭合;
- ➤ 【F5】切换到左视→指定底边左前下角点→Y 方向 10→Z 方向 10→闭合。

完成后如图 7-39 所示。

3. 圆的等轴测投影

圆的轴测投影是椭圆。当圆位于不同的投影面时,椭圆长、短轴的位置、方向是不相同的。

操作方法：激活"等轴测捕捉"→选定画圆投影面→椭圆命令→等轴测圆 I→指定圆心→指定半径→确定。

注意：绘圆之前一定要利用【F5】转换轴测轴，切换到与圆所在的平面对应的投影面，这样才能使椭圆画出来是处于正确位置，如图 7-40 所示。

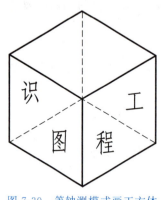

图 7-39　等轴测模式画正方体

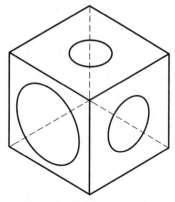

图 7-40　等轴测模式画圆

单元三　▶ 图形的编辑

Auto CAD 的编辑命令是编辑图形的基础，通过图形编辑，可以快速修改完善工程图样。

一、对象特性

利用"对象特性"命令可以全方位地修改直线、圆、圆弧、多段线、矩形、椭圆、文字、尺寸等图形对象的基本特性，如颜色、图层、线型、线型比例等。

选中要修改的对象后，单击"标准"工具栏上的按钮，将会弹出【特性】对话框，【特性】对话框中显示所选对象的有关特性，如图 7-41 所示。对【特性】对话框中对象的基本特性进行修改后关闭对话框，所选对象的特性随之改变，如图 7-42 所示。

1. **命令调用方式**
◆ 菜单命令：【工具】→【选项板】→【特性】
◆ 工具栏：单击"标准"工具栏中的按钮
◆ 命令行：modify（快捷键 Ctrl＋1）

2. **功能**

编辑修改对象的图层、颜色、线型及线型比例等特性。

3. **说明**

输入该命令后，系统打开【特性】对话框，如图 7-41 所示。在该对话框中，选中要修改的对象特性，选择后会出现相应的下拉列表框或文本框，直接选择或输入改变后的值即可，如图 7-42 所示。

二、复制

在绘图过程中，经常会遇到两个或多个完全相同的图形对象或实体，可以先绘制好一个，然后利用复制命令进行复制，能够大幅度提高绘图效率。

图 7-41 【特性】对话框

图 7-42 【特性】对话框中修改数值选项

1. 命令调用方式

◆ 菜单命令：【修改】→【复制】

◆ 工具栏：单击"修改"工具栏上的图标

◆ 命令行：copy

2. 功能

将选定的对象进行一次或多次复制。

3. 操作步骤

▷ 命令：copy（回车）

▷ 选择对象：找到 1 个（选中矩形）

▷ 选择对象：（回车）

▷ 指定基点或 [位移（D）] ＜位移＞：（选择 A 点）

▷ 指定第二个点或＜使用第一个点作为位移＞：（单击 B、C 点）

绘图结果如图 7-43 所示。

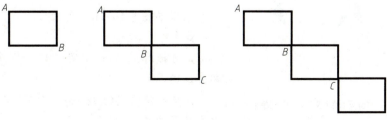

图 7-43 复制矩形

三、偏移

1. 命令格式

◆ 菜单命令：【修改】→【偏移(S)】

◆ 工具栏：单击"修改"工具栏上的图标

◆ 命令行：offset（快捷命令：o）

2. 功能

使所选对象发生指定距离的偏移。

3. 操作步骤

▶ 命令：offset

▶ 当前设置：删除源＝否　图层＝源　OFFSETGAPTYPE＝0

▶ 指定偏移距离或［通过（T）/删除（E）/图层（L）］：5

▶ 选择要偏移的对象，或［退出（E）/放弃（U）］＜退出＞：（选直线 AB）

▶ 指定要偏移的那一侧上的点，或［退出（E）/多个（M）/放弃（U）］＜退出＞：（单击 C 点一侧，回车）

绘图结果如图 7-44 所示。

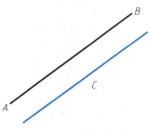

图 7-44　偏移直线

四、镜像

在绘图的过程中，有时需要绘制完全对称的图形，可以使用镜像命令。

1. 命令调用方式

◆ 菜单命令：【修改】→【镜像】

◆ 工具栏：单击"修改"工具栏上的图标

◆ 命令行：mirror（快捷命令：mi）

2. 功能

以选定的镜像线为对称轴，生成与编辑对象完全对称的镜像图形，原来的编辑对象可以删除或保留。

3. 操作步骤

▶ 命令：mirror

▶ 选择对象：［选中图 7-45（a）中的右边箭头部分，回车］

▶ 指定镜像线的第一点：（指定 A 点）；指定镜像线的第二点：（指定 B 点）

▶ 要删除源对象吗？［是（Y）/否（N）］＜N＞：（回车）

结果如图 7-45（b）所示。

▶ 命令：mirror

▶ 选择对象：［选中图 7-45（a）中的右边箭头部分，回车］

▶ 指定镜像线的第一点：（指定 A 点）；指定镜像线的第二点：（指定 B 点）

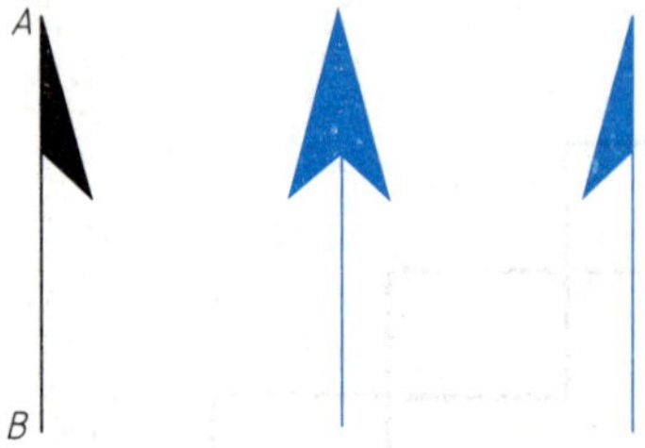

(a) 源对象　　(b) 保留源对象　　(c) 删除源对象

图 7-45　保留及删除源对象镜像后的图形

➢ 要删除源对象吗？［是（Y）/否（N）］＜N＞：Y（回车）

结果如图 7-45（c）所示。

五、移动

在绘制图形的过程中，有时需要改变图形对象的位置，可以使用移动命令。

1. 命令调用方式

◆ 菜单命令：【修改】→【移动】

◆ 工具栏：单击"修改"工具栏上的图标 ✥

◆ 命令行：move（快捷命令：m）

2. 功能

将选定的对象从一个位置移到另一个位置。

3. 操作步骤（图 7-46）

➢ 命令：move

➢ 选择对象：（选择五边形）

➢ 指定基点或［位移（D）］＜位移＞：（单击 A 点）

➢ 指定第二个点或＜使用第一个点作为位移＞：（单击圆心 O 点）

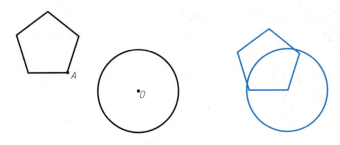

图 7-46　移动五边形

六、修剪

1. 命令调用方式

◆ 菜单命令：【修改】→【修剪】

◆ 工具栏：单击"修改"工具栏上的图标 ⊸⁄⊸

◆ 命令行：trim（快捷命令：tr）

2. 功能

对选定的线条对象（直线、圆、圆弧等）沿指定的边界进行裁剪，实现部分擦除。

3. 操作步骤（图 7-47）

➢ 命令：trim

➢ 选择剪切边：（选择图 7-47 中的三条剪切边界）

➢ 选择要修剪的对象，或按住【Shift】键选择要延伸的对象，或［栏选（F）/窗交(C)/投影(P)/边(E)/删除(R)/放弃(U)］：（选中被剪的四条线段，回车

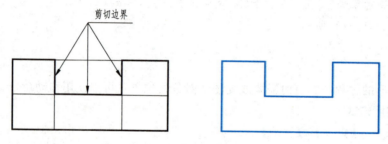

图 7-47　修剪图形

七、缩放

在绘图时，可以利用缩放命令将图形放大或缩小。

1. 命令调用方式

◆ 菜单命令：【修改】→【缩放】

◆ 工具栏：单击"修改"工具栏上的图标

◆ 命令行：scale（快捷命令：sc）

2. 功能

将对象按指定的基点和比例因子放大或缩小。

3. 操作步骤（图 7-48）

➢ 命令：scale

➢ 选择对象：（选定五边形）

➢ 指定基点：（指定左下角）

➢ 指定比例因子或［复制（C）/参照（R）］＜1.0000＞：2（回车）

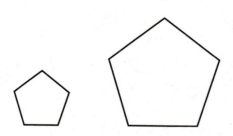

图 7-48　缩放图形

八、延伸

1. 命令调用方式

◆ 菜单命令：【修改】→【延伸】

◆ 工具栏：单击"修改"工具栏上的图标

◆ 命令行：extend（快捷命令：ex）

2. 功能

将选定的对象延长至指定的界线。

3. 操作步骤（图 7-49）

➢ 命令：extend
➢ 选择边界的边：（选择 AB 直线）
➢ 选择对象或＜全部选择＞：（回车）
➢ 选择要延伸的对象，或按住【Shift】键选择要修剪的对象，或［栏选（F）/窗交(C)/投影(P)/边(E)/放弃(U)］：（选定斜线与弧线，回车）

九、分解

1. 命令调用方式

◆ 菜单命令：【修改】→【分解】
◆ 工具栏：单击"修改"工具栏上的图标
◆ 命令行：explode（快捷命令：x）

2. 功能

把块分解成组成该块的各实体，把多段线分解成组成该多段线的直线或圆弧，把一个尺寸标注分解成线段、箭头和文本，把一个图案填充分解成一个个的线条。

3. 操作步骤（图 7-50）

➢ 命令：explode
➢ 选择对象：（选择五边形，回车）

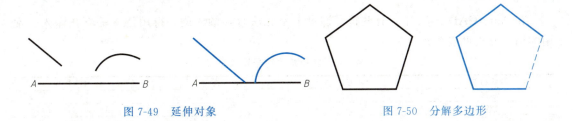

图 7-49 延伸对象　　　　　　　　图 7-50 分解多边形

十、利用夹点编辑图形

夹点是一个个蓝色小正方形方框，在没有执行任何命令的时候，用鼠标单击对象，则对象上的若干关键控制点就是夹点。对不同的对象进行夹点操作时，对象上特征点的位置和数量都不相同。例如，选择一条直线后，直线的端点和中点处将显示夹点；选择一个圆后，圆的四个象限点和圆心处将显示夹点。

利用夹点可以很方便地完成一些常用的编辑操作，如删除、移动、复制、缩放和旋转等。夹点提供了编辑对象的另一种方式。使用夹点，图形对象可以更直观地编辑操作。

使用夹点进行编辑，需要先选择一个夹点作为基点，称为基夹点，基夹点呈红色，也称为热点；未被选中的夹点呈蓝色，称为冷点，如图 7-51 所示。

若要重新选择基夹点，则按一次【Esc】键，再按一次【Esc】键，所有的夹点将都不显示；若要选择多个夹点，可以先按住【Shift】键，再单击需要选择的夹点。

将鼠标指向任一夹点单击，将此夹点选中，然后单击鼠标右键出现快捷菜单，如图 7-51 所示，选择菜单编辑选项就可以进行各种编辑操作了。

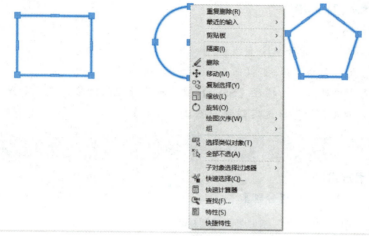

图 7-51　夹点编辑及快捷菜单

单元四 ▶ 尺寸标注

为了清晰准确地表达图形的形状、位置等要素，需要严格按照国家标准对图形进行尺寸标注。一个完整的尺寸标注应由尺寸界线、尺寸线、尺寸起止符号和尺寸数字四个部分组成。

一、特殊符号的输入

在 Auto CAD 2018 中，有些符号键盘上是无法直接输入的，得用特殊的方式输入。常用的输入方式见表 7-1。

表 7-1　常用特殊符号输入方式

特殊符号	输入方式	输入样例	显示结果
度数°	%%D	45%%D	45°
直径 φ	%%C	%%C100	φ100
正负号±	%%P	%%P0.000	±0.000

二、线性标注

线性标注指被注图形对象在水平、垂直或指定倾斜方向上的尺寸，它又分为水平标注、垂直标注、旋转标注三种类型。

1. 命令调用方式

◆ 菜单命令：【标注】→【线性标注】

◆ 工具栏：点击"标注"工具栏中的按钮

◆ 命令行：dimlinear（快捷命令：dli）

2. 操作步骤

▶ 命令：dimlinear

▶ 指定第一条尺寸界线原点或＜选择对象＞：（捕捉第一条尺寸界线端点）

▶ 指定第二条尺寸界线原点：（捕捉第二条尺寸界线端点）

▶ 指定尺寸线位置或 [多行文字 (M)/文字 (T)/角度 (A)/水平 (H)/垂直 (V)/旋转 (R)]：（指定尺寸线的适当布置位置）

完成标注，如图 7-52（a）、(b) 所示。

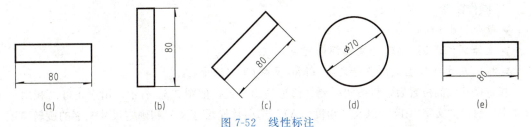

图 7-52　线性标注

3. **指定尺寸线位置时也可进行选项，各选项含义如下。**
① "多行文字"：用多行文字编辑器指定数字；
② "文字"：用单行文字编辑器指定数字，见图 7-52（d）；
③ "角度"：指定尺寸数字的旋转角度，见图 7-52（e）；
④ "水平"：指定尺寸数字的水平标注；
⑤ "垂直"：指定尺寸数字的铅垂标注；
⑥ "旋转"：指定尺寸的旋转角度，见图 7-52（c）。

三、角度标注

1. **命令调用方式**

◆ 菜单命令：【标注】→【角度】

◆ 工具栏：单击"标注"工具栏中的按钮

◆ 命令行：dimangular（快捷命令：dan）

2. **操作步骤**

➢ 命令：dimangular

➢ 选择圆弧、圆、直线或＜指定顶点＞：(回车)

➢ 选择第一条直线：(选择第一条直线)

➢ 选择第二条直线：(选择第二条直线)

➢ 指定标注弧线位置或［多行文字（M）/文字(T)/角度(A)］：(确定标注位置)

结果如图 7-53（a）所示。

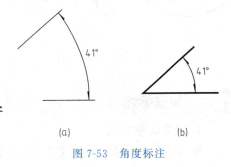

图 7-53　角度标注

➢ 命令：dimangular

➢ 选择圆弧、圆、直线或＜指定顶点＞：(指定顶点)

➢ 指定标注弧线位置或［多行文字（M）/文字(T)/角度(A)］：M（回车）

➢ 在多行文本输入对话框内输入角度数据，确定

结果如图 7-53（b）所示。

注意：当通过"多行文字（M）"或"文字（T）"选项重新确定尺寸文字时，只有给新输入的尺寸文字加后缀，才能使标注出的角度值有"°"符号，否则没有该符号。

四、半径标注

1. **命令调用方式**

◆ 菜单命令：【标注】→【半径】

◆ 工具栏：单击"标注"工具栏中的按钮

◆ 命令行：dimradius（快捷命令：dra）

2. 操作步骤

➢ 命令：dimradius

➢ 选择圆弧或圆：（选择要标注的对象）

➢ 指定尺寸线位置或［多行文字（M）/文字(T)/角度(A)］：

指定尺寸线的位置后，将按实际测量值标注出半径，如图 7-54 所示，用户还可以利用"多行文字（M）""文字（T）"以及"角度（A）"选项替换尺寸文字和确定尺寸文字的旋转角度。

五、直径标注

命令调用方式如下。

◆ 菜单命令：【标注】→【直径】

◆ 工具栏：单击标注工具栏中的按钮

◆ 命令行：dimdiameter（快捷命令：ddi）

直径标注与半径标注相同。但在通过"多行文字（M）"或"文字（T）"选项重新确定尺寸数据时，需要在尺寸数字前加前缀"%%C"，才能使标出的直径尺寸带有直径符号"φ"，如图 7-55 所示。

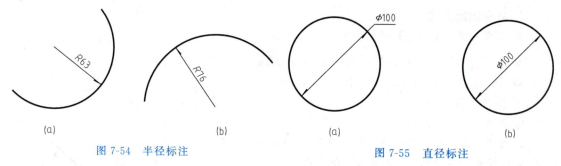

图 7-54　半径标注　　　　　　　图 7-55　直径标注

六、快速标注

1. 命令调用方式

◆ 菜单命令：【标注】→【快速标注】

◆ 工具栏：单击"标注"工具栏中的按钮

◆ 命令行：qdim

2. 操作步骤

➢ 命令：qdim

➢ 选择要标注的几何图形：（选择多个被注对象）（回车）

➢ 指定尺寸线位置或［连续（C）/并列（S）/基线（B）/坐标(O)/半径(R)/直径(D)/基准点(P)/编辑(E)/设置(T)］＜连续＞：（回车）

Auto CAD 将按当前选项对所有对象一次就完成标注。

七、尺寸的编辑

1. 设置标注样式

【样式】→【标注样式】→【标注样式管理器】→【新建】，如图 7-56 所示；或单击"样式"

工具栏中的按钮 。

Auto CAD 将打开【创建新标注样式】对话框，如图 7-57 所示，设置了新标注样式的名字、基础样式和适用范围后，单击【继续】按钮，将打开【新建标注样式】对话框，如图 7-58 所示，用户可以对新建的标注样式进行具体设置。

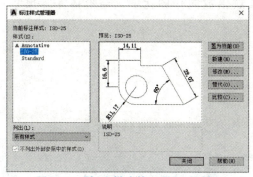

图 7-56 【标注样式管理器】对话框　　　　图 7-57 【创建新标注样式】对话框

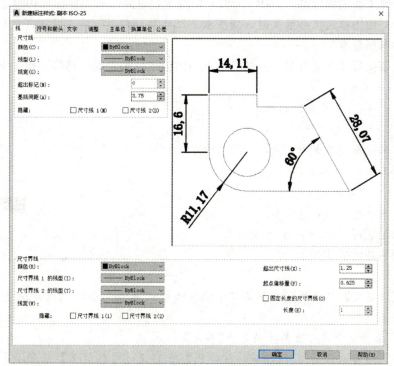

图 7-58 【新建标注样式】对话框

（1）设置线　在【新建标注样式】对话框中，用【线】选项卡，可以设置尺寸标注的尺寸线、尺寸界线的线型、线宽、颜色和位置等。

（2）设置符号和箭头　在【符号和箭头】选项卡中，用户可以设置尺寸起止符号（即箭头）的类型及大小。通常情况下，尺寸线的两个起止符号（即箭头）应一致。另外，还可选择"用户箭头"，使用用户自己创建的块做起止符号。

（3）设置文字　在【文字】选项卡中，用户可以设置标注文字的文字样式、字号、位置和对齐方式等。

（4）设置调整　使用【调整】选项卡，用户可以调整标注文字、尺寸线、尺寸箭头的位置。用户可以确定当尺寸界线之间没有足够的空间来同时放置标注文字和箭头时,是否应首先从尺寸界线之间移出文字或者箭头。

(5) 设置主单位　使用【主单位】选项卡,用户可以设置标注单位的格式与精度;尤其是"测量单位比例因子"数据栏中应该输入作图比例的倒数,否则尺寸标注显示出的尺寸数据比构筑物实际尺寸数据有缩放,缩放倍数同作图比例,与形体实际尺寸不符。

2. 编辑尺寸标注

命令调用方式如下。

◆ 菜单命令:【标注】→【编辑标注】

◆ 工具栏:单击"标注"工具栏中的按钮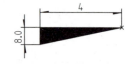

◆ 命令行:dimedit

八、单边箭头尺寸起止符号的设置

根据《道路工程制图标准》(GB 50162)的规定,道路工程图样应使用单边实心箭头做尺寸起止符号。使用单边实心箭头时,应按水平尺寸左上右下、垂直尺寸右上左下的原则处理,倾斜尺寸参照垂直尺寸。

单边实心箭头尺寸起止符号的具体设置可利用创建块来完成,具体操作如下:

➢ 命令:l(回车)

➢ 指定第一点:(在绘图区内确定一点)

➢ 指定第二点:@0,-0.8(回车)

➢ 指定第三点或<退出>:@4,0.8(回车)

➢ 指定第三点:c(回车)

➢ 命令:h(回车)

➢ 边界图案填充:solid(回车)

单边箭头绘制好后如图7-59所示。

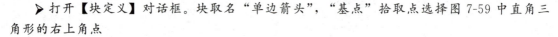

图 7-59　单边箭头的创建

接着,创建块的操作如下:

➢ 命令:b(回车)

➢ 打开【块定义】对话框。块取名"单边箭头","基点"拾取点选择图7-59中直角三角形的右上角点

➢ "对象"选择整个实心直角三角形→【确定】

这样,在尺寸样式设置时,【新建标注样式】中的【符号和箭头】选项卡下就可以使用用户箭头——单边箭头做起止符号了。

单元五　* 图形的输出打印

在 Auto CAD 中绘制好图样后,可以通过打印机或绘图仪打印输出。
Auto CAD 2018 有两个不同的工作空间:即模型空间和图纸空间。

一、通过模型空间打印图纸

"模型空间"打印输出,适用于单视口的平面图形,其基本的思路就是利用所见即所得的特性，将所打印的内容全部都创建、显示在模型空间中，比如图形、标注、文字等，再打印出图。具体操作步骤如下。

① 菜单命令：【文件】→【打印】→【打印-模型】对话框，如图 7-60 所示。在"打印机/绘图仪"区的"名称"列表中选择已连接在电脑上的打印机。

② 在"图纸尺寸"的下拉列表中选择图纸大小。

③ 在"打印份数"的文本框中输入打印数量。

④ 在"打印区域"区的"打印范围"中选择一种方式。

"窗口"：将选定的一个窗口区域作为打印区域；

"范围"：将实际绘图区域的大小作为打印区域；

"图形界限"：将设置的图形界限作为打印区域；

"显示"：将当前屏幕显示的绘图区域作为打印区域。

⑤ "打印比例"区中设置图形单位和打印单位的相对比例，默认设置为"布满图纸"。

"布满图纸"：打印时将根据图纸尺寸自动缩放图形，从而使图形布满整张图纸。

"比例"：用于设置图形单位和打印单位之间的相对比例。

⑥ "打印偏移"区中设置图形打在图纸上的位置。一般情况下，选取"居中打印"复选框，表示将打印图形的中心定位在图纸的中心上。

⑦ "图形方向"：单击【打印-模型】对话框右下角按钮，会弹出隐藏选项，在"图形方向"下可选择图纸的打印方向。

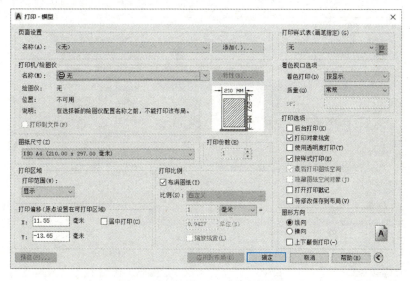

图 7-60 【打印-模型】对话框

⑧ "打印样式表"下拉列表中可新建并提供当前可用的打印样式。

⑨ "着色视口选项"可指定视图的打印方式及打印质量。

⑩ "打印选项"区一般选择"打印对象线宽"及"按样式打印"。

⑪ 单击左下角的【预览】按钮，可以预览到打印出图的效果；关闭【预览】按钮，即可回到【打印-模型】对话框。

⑫ 单击【确定】按钮，就可以打印输出图形了。

二、通过布局空间打印图纸

利用"图纸空间"布局内创建视口的打印输出方法适用于三维视图以及复杂平面图形的处理。

一般在模型空间完成图形的创建,尺寸和文字标注可以在模型空间进行也可在图纸空间进行,图框和标题栏在图纸空间下插入,完成多个视口的创建之后,排布好图纸,进行页面设置,配置打印机,然后打印出图。

对于复杂的平面图形,在图纸空间利用布局创建视口的方法比在模型空间打印出图要方便。例如,构筑物需要表达节点详图,图纸空间就可以在一张图纸上打印出若干不同层次、不同比例的详图来。

① 单击绘图区下的【布局1】选项卡,再单击菜单栏【文件】→【页面设置管理器】,弹出如图 7-61 的【页面设置管理器】对话框。

② 单击【修改】按钮,弹出【页面设置-布局 1】的对话框,将"打印区域"中的"打印范围"设为"布局",如图 7-62 所示,其他选项与图 7-60【打印-模型】相同。

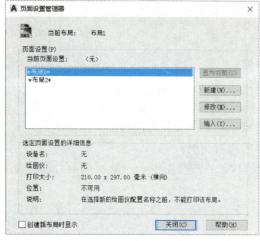

图 7-61 【页面设置管理器】对话框

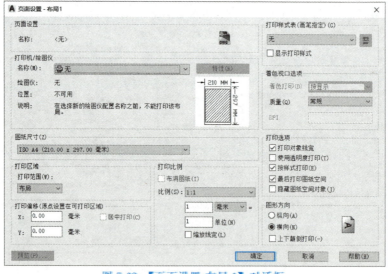

图 7-62 【页面设置-布局 1】对话框

③ 依次单击【页面设置-布局 1】对话框中的【确定】按钮和【页面设置管理器】对话框中的【关闭】按钮,进入图纸空间,如图 7-63 所示。

④ 单击浮动窗口,利用夹点编辑将浮动窗口的对角点拖拽到虚拟图纸的外围。

⑤ 在任意两条工具栏之间单击右键,选择【视口】工具栏,在【视口】工具栏右端的比例窗口中设置比例值,回车。

⑥ 按【Esc】键退出夹点编辑,单击【标准】工具栏的【打印预览】按钮,就可以看到图纸的打印效果了;关闭【打印预览】即可打印出图。

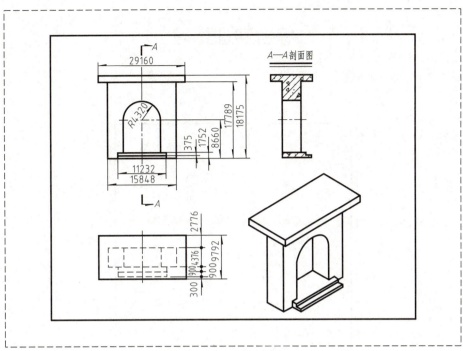

图 7-63　图纸空间

小　　结

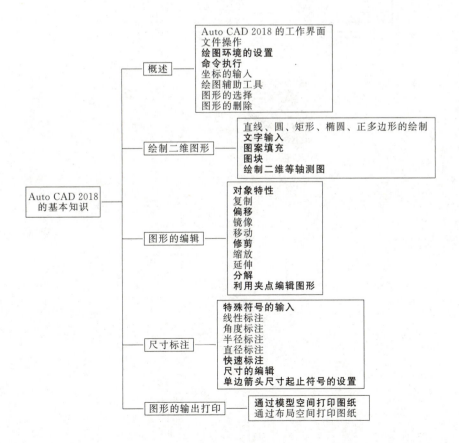

综合实训练习

绘制图 7-64 学生用简易立式 A4 图纸。

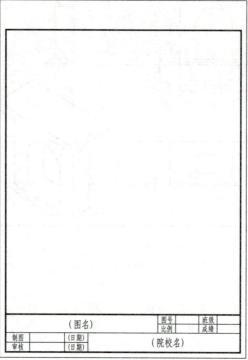

图 7-64

二维码 7-1

附录1 Auto CAD 2018版常用快捷命令

常用快捷键/组合键

快捷键/组合键	功能描述	快捷键/组合键	功能描述
F1/Fn+F1	获取帮助	Ctrl+B	栅格捕捉模式控制（同 Fn+F9）
F2/Fn+F2	实现作图窗口和文本窗口的切换	Ctrl+C	将选择的对象复制到剪贴板上
F3/Fn+F3	控制是否实现对象自动捕捉	Ctrl+F	控制是否实现对象自动捕捉（同 Fn+F3）
F4/Fn+F4	三维对象捕捉	Ctrl+G	栅格显示模式控制（同 Fn+F7）
F5/Fn+F5	等轴测平面切换	Ctrl+J	重复执行上一步命令
F6/Fn+F6	动态 UCS 控制	Ctrl+K	超级链接
F7/Fn+F7	栅格显示模式控制	Ctrl+N	新建图形文件
F8/Fn+F8	正交模式控制	Ctrl+O	打开图形文件
F9/Fn+F9	栅格捕捉模式控制	Ctrl+P	打开打印-模型对话框
F10/Fn+F10	极轴模式控制	Ctrl+S	保存图形文件
F11/Fn+F11	对象捕捉追踪模式控制	Ctrl+U	极轴模式控制（同 Fn+F10）
F12/Fn+F12	动态输入	Ctrl+V	粘贴剪贴板上的内容
O+P	打开选项对话框	Ctrl+W	选择循环控制
Ctrl+1	打开特性对话框	Ctrl+X	剪切所选择的内容
Ctrl+2	打开设计中心对话框	Ctrl+Y	重做
Ctrl+6	打开数据连接管理器	Ctrl+Z	取消前一步的操作

常用透明快捷命令

快捷命令	功能描述	快捷命令	功能描述
NON	无	CEN	圆心
END	端点	NOD	节点
MID	中点	QUA	象限点
INT	交点	INS	插入点
PER	垂足	TAN	切点
EXT	延伸	PAR	平行
FROM	基点		

常用绘图快捷命令

快捷命令	命令全称	功能描述	快捷命令	命令全称	功能描述
PO	POINT	点	DO	DONUT	圆环
L	LINE	直线	EL	ELLIPSE	椭圆

续表

常用绘图快捷命令

快捷命令	命令全称	功能描述	快捷命令	命令全称	功能描述
XL	XLINE	构造线	REG	REGION	创建面域
PL	PLINE	多段线	T 或 MT	MTEXT	多行文字
ML	MLINE	多线	DT	DTEXT	单行文字
SPL	SPLINE	样条曲线	B	BLOCK	块定义
POL	POLYGON	正多边形	I	INSERT	插入块
REC	RECTANGLE	矩形	W	WBLOCK	写块
C	CIRCLE	圆	DIV	DIVIDE	定数等分
A	ARC	圆弧	ME	MEASURE	定距等分
RE	REGEN	刷新(重生成)	H	HATCH	图案填充和渐变色

常用修改快捷命令

快捷命令	命令全称	功能描述	快捷命令	命令全称	功能描述
CO 或 CP	COPY	复制	EX	EXTEND	延伸
MI	MIRROR	镜像	S	STRETCH	拉伸
AR	ARRAY	阵列	LEN	LENGTEN	拉长
O	OFFSET	偏移	SC	SCALE	比例缩放
RO	ROTATE	旋转	BR	BREAK	打断
M	MOVE	移动	CHA	CHAMFER	倒角
E	ERASE	删除	F	FILLET	倒圆角
X	EXPLODE	分解	PE	PEDIT	转换为多段线
TR	TRIM	修剪	ED	DDEDIT	编辑文字
FI	FILTER	对象选择过滤器	Z	ZOOM	缩放

常用尺寸标注快捷命令

快捷命令	命令全称	功能描述	快捷命令	命令全称	功能描述
DLI	DIMLINEAR	线性标注	LE	QLEADER	引线标注
DRA	DIMRADIUS	半径标注	DBA	DIMBASELINE	基线标注
DDI	DIMDIAMETER	直径标注	DCO	DIMCONTINUE	连续标注
DAN	DIMANGULAR	角度标注	D	DIMSTYLE	标注样式管理器
DCE	DIMCENTER	圆心标记	DED	DIMEDIT	编辑标注
DOR	DIMORKINATE	点标注	DOV	DIMOVERRIDE	替代标注系统变量
TOL	TOLERANCE	形位公差标注	DIMTED	DIMTEDIT	标注尺寸重定位
DAL	DIMALIGNED	倾斜尺寸标注			

附录 2　Autodesk 公司 CAD 认证模拟考试题

1. Auto CAD 的样板图形文件扩展名是（　　）。
   A. dwg　　　　B. dwf　　　　C. dwt　　　　D. dws
2. 使用偏移命令时，下列说法正确的是（　　）。
   A. 偏移值可以小于 0，这是向反向偏移
   B. 可以框选对象进行一次偏移多个对象
   C. 一次只能偏移一个对象
   D. 偏移命令执行时不能使用捕捉工具
3. 坐标 "@30＜15" 中的 "30" 表示什么？（　　）
   A. 该点与原点的连线与 X 轴夹角为 30°
   B. 该点到原点的距离为 30
   C. 该点与前一点的连线与 X 轴夹角为 30°
   D. 该点相对于前一点的距离为 30
4. 通过鼠标对直线上夹点的操作，不能完成的是（　　）。
   A. 改变直线长度　B. 旋转该直线　C. 打断该直线　D. 镜像该直线
5. 以下哪项功能不是通过初始设置自定义的？（　　）
   A. 使用图形文件的文字样板
   B. 用于创建新图形的默认图形样板（DWT）文件
   C. 用于过滤 AutodeskSeek 上的搜索结果的与用户最相关的行业
   D. 工作空间中要显示的基于任务的工具
6. 关于自动约束，下面说法正确的是（　　）。
   A. 相切对象必须共用同一交点　　B. 垂直对象必须共用同一交点
   C. 平滑对象必须共用同一交点　　D. 以上说法均不对
7. 栅格样式设置中，系统设置不在以下的（　　）位置显示点栅格。
   A. 二维模型空间　　　　　　　B. 块编辑器
   C. 三维模型空间　　　　　　　D. 图纸/布局
8. 下列哪一个选项不属于 solview 的命令参数？（　　）
   A. UCS（U）　　B. 正交（O）　　C. 辅助（A）　　D. 立面（E）
9. 缺省的世界坐标系的简称是（　　）。
   A. CCS　　　　B. UCS　　　　C. UCS1　　　　D. WCS
10. 要快速显示整个图限范围内的所有图形，可使用（　　）命令。
    A. "视图"｜"缩放"｜"窗口"　　　B. "视图"｜"缩放"｜"动态"
    C. "视图"｜"缩放"｜"范围"　　　D. "视图"｜"缩放"｜"全部"
11. 设置 "夹点" 大小及颜色是在【选项】对话框中的（　　）选项卡中。
    A. 打开和保存　B. 系统　　　　C. 显示　　　　D. 选择
12. 在 Auto CAD2018 中，要将左右两个视口改为左上、左下、右三个视口可选择

（　　）命令。

　　A. "视图"|"视口"|"一个视口"　　B. "视图"|"视口"|"三个视口"
　　C. "视图"|"视口"|"合并"　　　　D. "视图"|"视口"|"两个视口"

13. 移植自定义的设置对话框移植的文件不包括以下（　　）项。
　　A. *.atc　　B. *.lin　　C. *.pat　　D. *.mnt

14. 使用"输入图层状态"对话框来进行输入状态时，以下哪种类型不能输入？（　　）
　　A. *.las　　B. *.dws　　C. *.dwg　　D. dwf

15. viewcube默认放置在绘图窗口的什么位置？（　　）
　　A. 右上　　B. 右下　　C. 左上　　D. 左下

16. 三维对象捕捉中，默认打开的捕捉模式有（　　）。
　　A. 顶点、边中点　　B. 顶点、面中心　　C. 边中点、面中心　　D. 顶点、垂足

17. 三维基础工作空间中不包括以下哪个选项卡？（　　）
　　A. 常用　　B. 实体　　C. 渲染　　D. 插入

18. 关于OLE打印质量，以下哪一项说法不正确？（　　）
　　A. 单色　　B. 双色　　C. 高质量图形　　D. 自动选择

19. 在AutoCAD中，使用（　　）可以在打开的图形间来回切换。
　　A. Ctrl+F9 键或 Ctrl+Shift 键　　B. Ctrl+F8 键或 Ctrl+Tab 键
　　C. Ctrl+F6 键或 Ctrl+Tab 键　　D. Ctrl+F7 键或 Ctrl+Lock 键

20. 移动（Move）和平移（Pan）命令是（　　）。
　　A. 都是移动命令，效果一样
　　B. 移动（Move）速度快，平移（Pan）速度慢
　　C. 移动（Move）的对象是视图，平移（Pan）的对象是物体
　　D. 移动（Move）的对象是物体，平移（Pan）的对象是视图

21. 下面哪个层的名称不能被修改或删除？（　　）
　　A. 未命名的层　　B. 标准层　　C. 0层　　D. 缺省的层

22. 使用"输入图层状态"对话框来进行输入图层状态时，以下哪种类型不能输入？（　　）
　　A. *.las　　B. *.dws　　C. *.dwg　　D. *.dwf

23. 默认的线宽是（　　）mm。
　　A. 0　　B. 0.1　　C. 0.3　　D. 0.25

24. 三维十字光标中，下面哪个不是十字光标的标签？（　　）
　　A. X, Y, Z　　B. N, E, Z　　C. N, Y, Z　　D. 以上说法均正确

25. 渲染中，暗角和光源中的低频率变化，通过哪个途径可以减少或消除？（　　）
　　A. 全局照明　　B. 集中采集　　C. 光源特性　　D. 以上都可以

26. 如果从起点为（5，5），要画出与X轴正方向成30°夹角、长度为50的直线段，应输入：（　　）。
　　A. 50，30　　B. @30，50　　C. @50<30　　D. 30，50

27. 下面哪个对象不可以使用PLINE命令来绘制？（　　）
　　A. 直线　　B. 圆弧　　C. 具有宽度的直线　　D. 椭圆弧

28. 如果想把直线、弧和多线段的端点延长到指定的边界，则应该使用哪个命令？（　　）
　　A. EXTEND　　B. PEDIT　　C. FILLET　　D. ARRAY

29. 使用 move 移动一个图形，指定移动的基点坐标为（30，80），第二点为（@60<45），则移动后的基点坐标是多少？（   ）
    A. 60，45   B. 90，135   C. 72.45，135   D. 72.45，122.42

30. 使用 qselect 命令进行快速选择时，选定对象类型和特性后，运算中的"*通配符匹配"在哪种情况下才会出现？（   ）
    A. 圆形图形   B. 可编辑的文字字段
    C. 多段线   D. 图形中存在较多名称类似的图元

31. 使用 join 命令合并椭圆弧时，合并的方向是（   ）。
    A. 从源对象逆时针合并圆弧   B. 从源对象顺时针合并圆弧
    C. 从目标对象顺时针合并圆弧   D. 从目标对象顺时针合并圆弧

32. 下列命令中将选定对象的特性应用到其他对象的是（   ）。
    A. "夹点"编辑   B. AutoCAD 设计中心
    C. 特性   D. 特性匹配

33. 用下面（   ）命令可以创建图块，且只能在当前图形文件中调用，而不能在其他图形中调用。
    A. BLOCK   B. WBLOCK   C. EXPLODE   D. MBLOCK

34. 在创建块时，在块定义对话框中必须确定的要素为（   ）。
    A. 块名、基点、对象   B. 块名、基点、属性
    C. 基点、对象、属性   D. 块名、基点、对象、属性

35. 文字样式中高度设置为 0，输入行文字时，其高度值为（   ）。
    A. 0   B. 2.5   C. 3.5   D. 随用户设置

36. 创建工具栏的过程中，以下哪些说法是正确的？（   ）
    A. 无法在工具按钮之间创建分隔符   B. 工具按钮的提示内容不能自定义
    C. 工具按钮的命令名称不能自定义   D. 工具按钮的图像可大可小

37. 如果想对当前打开的 dwg 文件进行检查修复，可以使用以下哪些命令？（   ）
    A. 使用 drawing recovery 打开图形修复管理器检查
    B. 使用命令 recover
    C. 使用命令 Audit
    D. 以上命令均可以

38. 状态行中的锁定标识下的全部的意义为（   ）。
    A. 锁定所有工具栏   B. 锁定所有窗口
    C. 锁定所有工具栏和窗口   D. 以上都不对

39. 可以利用以下哪种方法来调用命令？（   ）
    A. 在命令状态行输入命令   B. 单击工具栏上的按钮
    C. 选择下拉菜单中的菜单项   D. 三者均可

40. 在 AutoCAD 中，下列坐标中是使用相对极坐标的是（   ）。
    A. (@32，18)   B. (@32<18)   C. (32，18)   D. (32<18)

41. 设置光标大小需在【选项】对话框中的（   ）选项卡中设置。
    A. 草图   B. 打开和保存   C. 系统   D. 显示

42. 使用 Scale 命令缩放图形时，在提示输入比例时，输入 r，然后指定缩放的参照长度

分别为 1、2，则缩放后的比例值为（　　）。

  A. 2   B. 1   C. 0.5   D. 4

43. 要在视口工具栏中添加放大比例"3 比 1"，该怎样操作？（　　）

  A. 不能操作，因为工具栏中的比例是不能随意修改

  B. 不能操作，因为"3 比 1"中含有中文"比"字

  C. 可以操作，需在"格式"——"比例缩放列表"——"添加"——比例名称为"3 比 1"，1 个图纸单位＝3 个图形单位

  D. 可以操作，需在"格式"——"比例缩放列表"——"添加"——比例名称为"3 比 1"，3 个图纸单位＝1 个图形单位

44. 在进行文字标注时，若要插入"度数"称号，则应输入（　　）。

  A. d％％ B. ％d C. d％ D. ％％d

45. 给 cad 文件加密应在【工具】选项中哪个按钮下操作？（　　）

  A. 显示 B. 系统 C. 打开和保存 D. 用户系统配置

46. 下面哪个选项不属于图纸方向设置的内容？（　　）

  A. 纵向 B. 反向 C. 横向 D. 逆向

47. 插入光栅图像后，发现 Auto CAD 的图形对象被遮挡，如何重新显示图形对象？（　　）

  A. 调整图像的透明度，使遮挡部分显示出来

  B. 用 DISPLAY 命令调整显示次序

  C. 用 DRAWORSER 命令调整显示次序

  D. 无法调整，取消后编辑图像

48. 能够保存三维几何图形、视图、光源和材质的文件格式是（　　）。

  A. Dwf B. 3DStudio C. Wmf D. dxf

49. 通过图层过滤器不能够对以下哪种特性进行操作？（　　）

  A. 冻结 B. 开关 C. 锁定 D. 颜色

50. 在 Auto CAD2018 中，用于打开/关闭"动态输入"的功能键是（　　）。

  A. F9 B. F8 C. F11 D. F12

51. 将圆角命令中的半径设为 0，对图形进行圆角处理，结果是（　　）。

  A. 无法圆角，不作任何处理

  B. 系统提示必须给定不为 0 的半径

  C. 将图形进行圆角，圆角半径为 0，可以把多余的线减除，相当于修剪

  D. 系统报错退出

52. 图形元素圆有多少个特征点？（　　）

  A. 3 B. 5 C. 4 D. 1

53. 现有图层名为 AC、BC、CC、DC 四个图层，使用通配符［～AB］C，对其进行过滤，匹配的图层是（　　）。

  A. AC 和 BC 两个图层 B. CC 和 DC 两个图层

  C. AC、BC、CC、DC 四个图层 D. 无图层匹配

54. 关于打印样式表的说法，错误的是（　　）。

  A. 系统提供的打印样式表有两种

B. 不可以将颜色相关打印样式表转化命名相关打印

C. 颜色相关打印样式表的扩展名为.ctb

D. 颜色相关打印样式表存储在 Plot Style 文件夹中

55. 下列关于加密和数字签名正确的是（　　）。

 A. 可以向图形文件附加密码和数字签名，必须先附加密码

 B. 数字签名永远有效

 C. 密码适用于 Auto CAD R14 和更新版本的图形文件（DWG、DWS 和 DWT 文件）

 D. 以上说法均不正确

56. Point 点命令不可以（　　）。

 A. 绘制单点或多点　　　　　　B. 定距等分直线、圆弧或曲线

 C. 等分角　　　　　　　　　　D. 定数等分直线、圆弧或曲线

57. 图案填充的"角度"是（　　）。

 A. 以 X 轴正方向为零度，顺时针为正　　B. 以 Y 轴正方向为零度，逆时针为正

 C. 以 X 轴正方向为零度，逆时针为正　　D. ANSI31 的角度是 45°

58. 利用 OLE 功能，我们可以将 AutoCAD 的对象引入到（　　）。

 A. 能且只能是 WORD　　　　　B. 其他 WINDOWS 应用程序

 C. 能且只能是另一张 AutoCAD 图形　　D. 任何一种应用程序

59. 在进行协同设计的时候，插入 DWF 底图进行设计的要点不包括（　　）。

 A. 底图文件大小更精简

 B. DWF 支持对文件进行红线圈与标记

 C. 有助于保持设计图形的直观感觉和数据保真度

 D. 可以根据底图图形中的住处创建新的图形，并可以改变这些参照信息

60. 可以将折断标注添加到以下哪些标注和引线对象？（　　）

 A. 线性标注（对齐和旋转）　　　B. 弧长标注

 C. 坐标标注　　　　　　　　　　D. "传统"引线（直线或样条曲线）

61. 在 Auto CAD 中，可以为以下（　　）对象打开注释性特性。

 A. 多行文字　　B. 公差　　C. 属性　　D. 以上全是

62. 重新执行上一个命令的最快方法是（　　）。

 A. 按 Enter 键　　B. 按空格键　　C. 按 Esc 键　　D. 按 F1 键

63. Auto CAD 2018 图形文件和样板文件的扩展名分别是（　　）。

 A. DWT，DWG　　B. DWG，DWT　　C. BMP，BAK　　D. BAK，BMP

64. AutoCAD 软件的基本图形格式为（　　）。

 A. *.MAP　　B. *.LIN　　C. *.LSP　　D. *.DWG

65. 下列变量中（　　）的功能是：控制当光标悬停在支持夹点提示的动态块和自定义对象的夹点上时夹点提示的显示。

 A. GRIPHOT　　B. GTAUTO　　C. GRIPTIPS　　D. ANGDIR

66. 标准渲染预设中，哪个渲染质量是最好的？（　　）

 A. 草图质量　　B. 中等质量　　C. 高级质量　　D. 演示质量

67. 在 StreeringWheels 控制盘中，单击动态观察选项，可以围绕轴心进行动态观察，动态观察的轴心使用鼠标什么键盘可以调整？（　　）

A. Shift　　　　B. Crtl　　　　C. Alt　　　　D. Tab

68. 设定图层的颜色、线型、线宽后，在该图层上绘图，图形对象将（　　）。
   A. 必定使用图层的这些特性
   B. 不能使用图层的这些特性
   C. 使用图层的所有这些特性，不能单项使用
   D. 可以使用图层的这些特性，也可以在"对象特性"中使用其他特性

69. 对"极轴"追踪进行设置，把增量角设为30°，把附加角设为15°，采用极轴追踪时，不会显示极轴对齐的是（　　）。
   A. 15°　　　　B. 30°　　　　C. 45°　　　　D. 60°

70. 在原图形的右下方对其进行3行×4列的矩形阵列（Array）复制时，行间距和列间距正确的输入是（　　）。
   A. 行间距正数，列间距正数　　　　B. 行间距负数，列间距正数
   C. 行间距正数，列间距负数　　　　D. 行间距负数，列间距负数

71. 关于夹点，下列说法错误的是（　　）。
   A. 夹点有三种状态：未选中、选中、悬停
   B. 选中直线端部夹点后在鼠标右键菜单中选择"复制"可复制出一条和其长度、方向一样的直线
   C. 选中圆象限点的夹点后在鼠标右键菜单中选择"旋转"，可以此点旋转该圆
   D. 选中圆中心点的夹点后在鼠标右键菜单中选择"旋转"，则此圆不会发生任何变化

72. 通过图层过滤器不能对以下哪种特性进行操作？（　　）
   A. 打开　　　　B. 锁定　　　　C. 颜色　　　　D. 冻结

73. F8临时替代键的作用是（　　）。
   A. 对象捕捉　　B. 动态输入　　C. 正交　　　　D. 栅格

74. 缺省情况下，工具选项板是可以拖动的，要将其固定，锁定下列哪一项？（　　）
   A. 浮动工具栏/面板　　　　　　　B. 固定的工具栏
   C. 浮动窗口　　　　　　　　　　D. 固定窗口

75. 下面图形中偏移后图形属性没有发生变化的是（　　）。
   A. 多段线　　　B. 椭圆弧　　　C. 椭圆　　　　D. 样条曲线

76. 引线标注中的点数最多可以设置几个？（　　）
   A. 1　　　　　B. 2　　　　　C. 3　　　　　D. 无限制

77. 用DIVIDE命令等分一条线段时，该线段上不显示等分点，则可能的原因是：（　　）。
   A. 线段太长不可被等分　　　　　B. 线段太短不可被等分
   C. 由于点样式设置不当看不到等分点　　D. 线段存在弧度不可被等分

78. 对某图层进行锁定后，则（　　）。
   A. 图层中的对象不可编辑，但可添加对象
   B. 图层中的对象不可编辑，也不可添加对象
   C. 图层中的对象可编辑，也可添加对象
   D. 图层中的对象可编辑，但不可添加对象

79. "图层"工具栏中按钮"将对象的图层置为当前"的作用是（　　）。
   A. 将所选对象移至当前图层　　　B. 将所选对象移出当前图层

C. 将选中对象所在的图层置为当前层　　　D. 增加图层

80. 在对三维模型进行操时,进下列说法错误的是（　　）。
   A. 消隐指的是：显示用三维线框表示的对象并隐藏表示后向面的直线
   B. 在三维模型使用着色后,使用"重画"命令可停止着色图形以网格显示
   C. 用于着色操作的工具条名称是：视觉样式
   D. 在命令行中可以用：SHADEMODE 命令配合参数实现着色操作

81. 下列关于动态块的制作的顺序正确的是（　　）。
   A. 绘制几何图形——添加参数——添加动作
   B. 添加参数——添加动作——绘制几何图形
   C. 添加参数——绘制几何图形——添加动作
   D. 绘制几何图形——添加动作——添加参数

82. 不可以在 Auto CAD 中对 OLE 对象进行以下哪些操作？（　　）
   A. 移动　　　B. 复制　　　C. 删除　　　D. 旋转

83. 视图缩放（Zoom）命令和比例缩放（SCale）命令的区别是（　　）。
   A. 两者本质上没有区别
   B. 线宽会随比例缩放而更改
   C. 视图缩放可以更改图形对象的大小
   D. 比例缩放更改图形对象的大小,视图缩放只对其显示大小更改,不改变真实大小

84. 下列标注命令,哪个必须在已经进行了"线性标注"或"角度标注"的基础之上进行？（　　）
   A. 快速标注　　　B. 连续标注　　　C. 形位公差标注　　　D. 对齐标注

85. 在图形中对一处图案填充建立一个块的属性,该属性包含"对象"类别字段,则该属性不包括图案填充的哪项信息？（　　）
   A. 面积　　　B. 角度　　　C. 比例　　　D. 间距

86. 使用设计中心,下面能完成的是（　　）。
   A. 更新块定义　　　B. 浏览计算机上的图形
   C. 查看图形中的定义　　　D. 以上说法均正确

87. 下列关于 OLE 对象的说法正确的是（　　）。
   A. 可以设置 OLE 对角仅在图纸空间中可见并可打印
   B. 可以直接在 Auto CAD 中编辑插入的 OLE 对象内容
   C. 在源应用程序中编辑原始图形不会影响该图形嵌入到的文档
   D. 使用 Insert 命令插入 OLE 对象

88. 当为样条曲线插入字段时,不可能选择下列哪种特性？（　　）
   A. 阶数　　　B. 起点切矢量　　　C. 端点切矢量　　　D. 材质

89. 在 CAD 中,用于标注圆心的是（　　）。
   A. 圆心标注　　　B. 半径标注　　　C. 直径标注　　　D. 快速标注

90. 插入外部图块的快捷方式是（　　）。
   A. W　　　B. R　　　C. I　　　D. L

91. CAD 中,标注的四要素分别是尺寸数字、尺寸箭头、尺寸界限和（　　）。
   A. 线　　　B. 单位　　　C. 尺寸单位　　　D. 尺寸线

92. CAD中，快速修剪可在输入修剪命令后按（　　）空格。
    A. 二次　　　　B. 一次　　　　C. shift　　　　D. ctrl
93. CAD中辅助工具极轴的快捷键是（　　）。
    A. F3　　　　B. F8　　　　C. F10　　　　D. F11
94. 在图案填充时，用以下哪种方法指定图案填充的边界？（　　）
    A. 指定对象封闭的区域中的点
    B. 选择封闭区域的对象
    C. 将填充图案从工具选项板或设计中心拖动到封闭
    D. 以上都可以
95. Auto CAD 2018中，默认的追踪线颜色是什么？（　　）
    A. 蓝色　　　　B. 绿色　　　　C. 红色　　　　D. 白色
96. 如果从模型空间打印一张图，打印比例为10∶1，那么想在图纸上得到3mm高的字，应在图形上设置的字高为（　　）。
    A. 3mm　　　　B. 0.3mm　　　　C. 30mm　　　　D. 10mm
97. 对于Auto CAD 2018，用户坐标系与世界坐标系的不同点，下面阐述正确的是（　　）。
    A. 用户坐标系与世界坐标系两者是固定的
    B. 用户坐标系固定，世界坐标系不固定
    C. 用户坐标系不固定，世界坐标系固定
    D. 两者都不固定
98. 定义图块属性时，以下说法错误的是（　　）。
    A. 属性标记可以包含任何字符，包括中文字符
    B. 定义属性时，用户必须确定属性标记，不允许空缺
    C. 属性标记区分大小写字母
    D. 输入属性值的时候，允许"提示"文本框中给出属性提示，以便引导用户正确输入属性值
99. 使用图纸集的"发布"对话框不可以（　　）。
    A. 发布整个图纸集、图纸集子集或单张图纸到DWF文件
    B. 打印整个图纸集
    C. 生成电子图形集
    D. 通过Internet将图纸集发送
100. 连续标注是怎样的标注？（　　）
    A. 自同一基线处测量　　　　B. 线性对齐
    C. 首尾相连　　　　D. 增量方式创建

参考答案：

1～5：CCDCC，6～10：ACDDD，11～15：DDDDA，16～20：BBBCD，
21～25：CBDCB，26～30：CDADC，31～35：ADAAD，36～40：DDCDB，
41～45：DADDC，46～50：DCBDD，51～55：CBBBA，56～60：CCBDD，
61～65：DABDC，66～70：DBDCB，71～75：BCCBA，76～80：DCACB，
81～85：ADDBC，86～90：DADAA，91～95：DACDB，96～100：BCCBC

参考文献

[1] 邱雅莉. 中文版 AutoCAD 2018 入门教程. 北京：人民邮电出版社，2000.
[2] CAD 辅助设计教育研究室，新编 AutoCAD 制图快捷命令速查一册通. 北京：人民邮电出版社，2020.
[3] 林国华. 土木工程制图. 北京：高等教育出版社，2019.
[4] 卢传贤. 土木工程制图. 第 5 版. 北京：中国建筑出版社．2017.
[5] GB 50162—92 道路工程制图标准.

論文摘要